中国特色社会主义城市居住空间正义研究

ZHONGGUO TESE SHEHUIZHUYI
CHENGSHI JUZHU KONGJIAN ZHENGYI YANJIU

张 华 著

学林出版社

本成果受北京语言大学校级科研项目（中央高校基本科研业务费专项资金）资助，项目批准号为：21SZ04

本项目为北京语言大学2022年中国学生教学单位教育教学改革项目，项目编号为：JXGG202207

中国社会科学院马克思主义理论学科建设与理论研究工程重大项目“马克思主义语言意识形态问题研究”(2021mgczd005)阶段性成果

目录

CONTENTS

导 论

古希腊思想家亚里士多德说过:“城邦的长成出于人类‘生活’的发展,而其实际的存在却是为了‘优良的生活’。”[①]“城邦以正义为原则。由正义衍生的礼法,可凭以判断[人间的]是非曲直,正义恰正是树立社会秩序的基础。”[②]由此可见,人们居住到城市是为了追求符合正义的美好生活,城市正义是城市美好生活的基本价值准则,城市居住空间正义是城市美好生活的内在规定和鲜明表征。

习近平总书记在党的二十大报告中提出:“江山就是人民,人民就是江山。中国共产党领导人民打江山、守江山,守的是人民的心。治国有常,利民为本。为民造福是立党为公、执政为民的本质要求。必须坚持在发展中保障和改善民生,鼓励共同奋斗创造美好生活,不断实现人民对美好生活的向往。”[③]《中共中央关于党的百年奋斗重大成就和历史经验的决议》指出:“民心是最大的政治,正义是最强的力量。”[④]构建城市居住空间正义,满足人民美好生活需求是新时代中国特色社会主义城市发展的重要目标之一,也是中国共产党人矢志不渝的价值追求。随着中国城市化进程的加速,以“居住贫困”“居住隔离”“居住异化”为表征的城市居住空间非正义问题不断凸显。如何解决城市居住空间存在的不共享、不平等、不和谐的现实问题,构建符合公平正义价值取向的城市居住空间,满足人民对于美好居住生活的需求,形成以人为本、公正和谐、共建共享为内核的新型城市居住关系,成为是

① [古希腊] 亚里士多德:《政治学》,商务印书馆 2013 年版,第 7 页。

② [古希腊] 亚里士多德:《政治学》,商务印书馆 2013 年版,第 9 页。

③ 习近平:《高举中国特色社会主义伟大旗帜为全面建设社会主义现代化国家而团结奋斗——在中国共产党第二十次全国代表大会上的报告》,人民出版社 2022 年版,第 46 页。

④ 《中共中央关于党的百年奋斗重大成就和历史经验的决议》,人民出版社 2021 年版,第 66 页。

否坚持以人民为中心、共享发展成果和追求公平正义价值原则的现实体现。

联合国人居组织1996年发布的《伊斯坦布尔人居宣言》提出，“我们的城市必须成为人类能够过上有尊严的、健康、安全、幸福和充满希望的美满生活的地方。”伊尔·沙里宁认为，“城市的改造和进一步发展，显然应当从解决住宅及其居住环境问题开始。”①“居住是存在的基本原理或根本特性。”②居住空间正义关联着人的生存状态和发展可能性，是衡量社会发展与进步的标尺，也是衡量我国治理体系和治理能力现代化的重要标准。2015年中央城市工作会议提出：“建设和谐宜居、富有活力、各具特色的现代化城市”，“坚持以人民为中心的发展思想，坚持人民城市为人民”③等一系列重要论述。党的二十大报告提出：“坚持人民城市人民建、人民城市为人民，提高城市规划、建设、治理水平，加快转变超大特大城市发展方式，实施城市更新行动，加强城市基础设施建设，打造宜居、韧性、智慧城市。”等论述，④为建构城市居住空间正义提供了指导性思想。本文正是在中国城市化进程加速发展的时代背景下，以马克思主义理论为指导，以建设满足人民美好生活需要的居住空间为依托，以人的全面发展为价值目标，追溯中国共产党人对中国特色社会主义城市居住空间正义的理论与实践探索过程，挖掘当代中国城市居住空间正义存在的主要问题及其成因，提出中国特色社会主义城市居住空间正义的建设路径，尝试构建中国特色社会主义城市居住空间正义的一般理论框架。

一、研究背景

（一）国际背景

1. 全球化语境下的空间正义运动

用刘易斯·芒福德的话说，人类城市社会的发展已经处于一个分岔路

① [美]伊利尔·沙里宁：《城市它的发展、衰败与未来》，顾启源译，中国建筑工业出版社1986年版，第57页。

② [德]海德格尔：《存在与时间》，三联书店2006年版，第25页。

③ 中央城市工作会议在北京举行.新华网，http://www.xinhuanet.com//politics/2015－12/22/c_1117545528.htm，2015-12-22。

④ 习近平：《高举中国特色社会主义伟大旗帜为全面建设社会主义现代化国家而团结奋斗——在中国共产党第二十次全国代表大会上的报告》，人民出版社2022年版，第32页。

口，城市发展何去何从已经成为人类必须面临的生死攸关的问题。[①] 二战后凯恩斯主义和福利国家主义促生了“国家生产方式”。这种生产方式的一个重要特点就是国家通过技术控制对社会进行干预和治理，追求效率，强调科技理性。[②] 政府和规划人员、专家作为社会权威和控制的主要力量，以利润为追逐目标，在城市发展的过程中过于依赖技术理性，忽视了城市空间利益的平衡。这种官僚主导的空间生产过程，使得城市居民失去对自身生活空间的掌控、邻里关系遭到破坏、对弱势群体的空间隔离出现等种种问题，导致了城市危机的出现。[③] 随着城市功能的不断增强，空间的交换价值日益受到重视，对使用价值的损害日益受到关注。[④] 由此，为空间而斗争的城市社会运动应运而生。20 世纪 60 年代，随着西方国家城市危机的加重，部分学者开始以空间为突破口进行政治经济学分析，以图揭示资本主义城市危机的原因，解释城市空间问题。20 世纪 80 年代后，随着福特—凯恩斯主义的倒塌、经济重构、经济全球化的发展、信息化浪潮以及全球化的新自由主义，西方主要城市经历了都市重构过程，特别是美国城市出现了社会—经济不平等和空间不公平的问题。空间两极分化日益凸显——越来越多的空间隔离，日益严重的“空间失配”，空间的不平衡发展，公共空间的私人化，资源的空间分配不公等，这些空间问题成为“创新和维护不平等、不公正的一部分，成为了经济剥削、文化统治以及个人压迫的一部分”。[⑤] 空间不公正激发或增强了人们，尤其是那些被剥削、被统治和被“边缘化”的人消除空间不公正和寻求空间正义的意识。在这种意识驱使下，爆发了一系列新都市空间性运动，比如：社区组织和联盟争取更好的住房和公共交通的行动、城市权利运动、消减财富和福利的空间分配不公及争取权力民主分配的努力、旨在国际和平和正义的全球正义运动，以及已经广为人知的环境正义运动和女权主义运动等。[⑥] 这些运动有助于人们从“市民身份和民主、市民社会

---

① 刘易斯・芒福德：《城市发展史——起源、演变和前景》，倪文彦、宋俊岭译，中国建筑出版社 1989 年版，第 1 页。

② 《空间的文化形式与社会理论读本》，夏铸九编译，台北明文书局 1988 年版，第 4—5 页。

③ 曹现强、张福磊：《空间正义：形成、内涵及意义》，《城市发展研究》2011 年第 4 期。

④ 彼得・马库赛：《寻找正义之城》，贾荣香译，社会科学文献出版社 2016 年版，第 93 页。

⑤ 彼得・马库赛：《寻找正义之城》，贾荣香译，社会科学文献出版社 2016 年版，第 371 页。

⑥ 曹现强、张福磊：《空间正义：形成、内涵及意义》，《城市发展研究》2011 年第 4 期。

和公共领域，社区发展和文化政治、社会公正和道德秩序的已有概念出发，以更明确的空间视野来进行反思”。①

2. 社会科学的“空间转向”

所谓“空间转向”很大程度上并非指空间问题研究的开始，而是一场试图重新诠释与理解的运动。20 世纪初至 60 年代，人们并没有完全忽略空间问题，无论是社会学家、人文地理学家，还是哲学家、法学家，都从不同角度、运用不同方法、以不同的学科方式与不同的话语形式来研究空间问题。特别是从实证主义精神出发的人文地理学家，在空间科学的研究方面取得了重要成果。但是，相对而言，20 世纪的社会理论历史仍然是时间和空间观念奇缺的历史。某种程度上，空间的缺席比时间更为明显。美国当代著名后现代地理学家爱德华·苏贾在分析人类思想史时说道，实证主义和马克思主义是 1880 年至 1920 年间起主导作用的思想，其理论缺陷是“用时间摧毁了空间”，使地理学“患上理论的休眠症”，“地理学被挤出理论建设的竞技场”，进而导致传统社会理论在方法论上的失衡；其实践危害则表现在，空间的“贬值”掩盖了资本主义社会关系在周而复始的危机与重建中所产生的“空间定势”，导致资本主义内在矛盾在一定程度上被掩盖。因此，必须扬弃长期以来“时间优于空间”、“历史创造”优于“地理创造”的陈词滥调，以生动活泼的空间批判视角分析当代人的生存问题。② 这种情况到了 20 世纪后期得到了根本的改观，社会批评理论出现了“空间转向”，从米歇尔·福柯的“异托邦”到戴维·哈维的“时空压缩”，从亨利·列斐伏尔的“空间生产”、爱德华·苏贾的“第三空间”到詹姆逊的“后现代空间理论”，空间已经深刻地影响和改变了当代西方批判理论的叙事视野，同时，“作为一种元理论框架促进对传统理论之时间压倒空间偏好的反思，从而支持社会理论的自我更新和新的政治学(空间政治学)的形成。”③在这样的理论背景下，一些概念的思考正日渐被空间化，这些概念包括社会正义、参与式民主和公民权利

---

① [美] 爱德华·苏贾：《后大都市：城市和区域的批判性研究》，李钧等译，上海教育出版社 2006 年版，第 303 页。

② [美] 爱德华·苏贾：《寻求空间正义》，高春花、强乃社等译，社会科学文献出版社 2016 年版，第 2 页。

③ 胡大平：《空间生产，当代人文社会科学的一个新的生长点》，《中国社会科学报》2009 年 9 月 1 日。

等。可以说,“城市居住空间正义”就是实践催生下社会理论“空间转向”的又一个理论议题和实践产物,是社会正义问题在居住空间维度的延展。

3. 居住空间正义是国际社会普遍关注的议题

就国际范围而言,居住空间正义问题持续得到国际社会的普遍关注。1948 年,联合国大会通过《世界人权宣言》,其第 25 条明确规定:“人人有权享受为维持他本人和家属的健康和福利所需的生活水准,包括食物、衣着、住房、医疗和必要的社会服务。”1966 年,联合国大会通过《经济、社会、文化权利国际公约》,其第 11 条规定:“本公约缔约各国承认人人有权为他自己和家庭获得相当的生活水准,包括足够的食物、衣着和住房,并能不断改进生活条件。各缔约国将采取适当的步骤保证实现这一权利,并承认为此而实行基于自愿统一的国际合作的重要性。”[①]1996 年,联合国第二次人类住区会议(简称“人居二”)通过了《伊斯坦布尔人类住区宣言》和《人居议程》,提出了“人人享有适当的住房”的主题。2001 年,联合国人居署公布其组织在新千年的工作重心是促进社会和环境方面可持续性人居发展,以达到所有人都有合适居所的目标。2016 年,联合国“人居三”通过了《新城市议程》,强调了“所有人的城市”这一基本理念,提出要为所有人、特别是弱势人群提供住房、基本公共服务和城市基础设施。与此同时,各国政府出台了一系列政策措施,有效推进居住空间正义的实现。美国于 1968 年颁布了《公平住房法案》,试图解决住房领域存在的种族歧视、居住隔离等问题。瑞典住房政策目标是给每个家庭提供一处宽敞舒适、环境优美的住所,主要通过供应公共住房和提供住房补贴来解决中低收入家庭的住房问题。中国政府出台了包括保障性住房、住房公积金、房价调控等一系列住房保障政策,满足中低收入家庭的居住空间需求。

(二)国内背景

1. 经济体制转轨后居住空间非正义问题逐步显现

随着中国由高度集中的计划经济体制向市场经济体制转型,教育、医疗、社会保险、住房等“集体消费”领域逐步开始进行市场化改革。由于“集

① 朱亚鹏:《实现住房权利:中国的实践与挑战》,《公共行政评论》2010 年第 3 期。

体消费”的缺失，居住空间的生产与改造过分注重经济利益和政绩效果，忽略了其承担的空间资源再分配和维护社会公平的目标和责任。享用什么样的居住空间，一定程度上体现了人的经济地位和社会价值。“人类是最有领域感的动物，即善于利用空间来控制人与人之间的交易，会维护领域的所有权，以保证拥有其资源，从空间的控制产生心理结果，如担忧感、满足感、光荣感、屈从感。”[①]居住空间除了承担人们的居所角色之外，还持续影响着居民获取其他资源的能力，拥有富足居住空间资源的家庭通常能够享受更好的邻里环境、医疗条件、交通设施，他们的下一代也能享受更好的教育资源。居住空间的差异将可能改变人们在市场竞争中理应享有的平等地位，进而加剧社会不公的问题，而且这种情形会因为同样的原因而代际相传。[②] 城市化进程中社会成员之间贫富差别越来越直接地表现为居住空间的差异，居住空间资源分配和争夺的矛盾逐渐成为社会主要矛盾之一。

2. 城市化进程中居住空间正义价值规范的缺失

中国城市化理论一开始是在引进或者借鉴西方城市化理论的基础上建构起来的，持典型的“物”的城市发展观，以追求效率与扩大城市规模为优先，以注重经济增长和追求效率为城市发展价值取向。但是，以经济增长为主要诉求的中国城市发展，从一开始就处于资源匮乏的境地。[③] 改革开放以来，中国的城市化进程日益加快，城市化率从 1978 年的 17.92%到 2020 年的 63.89%，平均每年递增 1%左右。与西方城市化相似的是，中国城市化的外在形式也是以人口集聚为主要特征。与西方城市化不同的是，中国城市化具有强烈的本土化“制度型动力体系”构成特点。[④] “制度型城市化”使得中国形成高速与高度集聚的城市化模式，这种相对集中和集权的城市化模式加剧了城市居住空间非正义现象的蔓延。中国民众空间正义感存在的缺失，没有成为中国社会空间规划及其建设的内生性因素，随着中国“旧城改造”“城市更新”“城市扩张”等大规模空间生产运动，城市社会居住空间

① ［美］凯文·林奇：《城市形态》，林庆怡等译，华夏出版社 2001 年版，第 145 页。

② Brain Lund, *Understanding Housing Policy*, Bristol: Policy Press, 2011.

③ 胡毅、张京祥：《中国城市住区更新的解读与重构——走向空间正义的空间生产》，中国建筑工业出版社 2015 年版，第 2—4 页。

④ 张鸿雁、顾华明：《马克思主义与城市》，江苏教育出版社 2013 年版，第 3—4 页。

矛盾日益突出。由于缺乏有效的价值规范引导，居住空间生产带有一定的盲目性，导致城市矛盾和阶层冲突，影响我国和谐城市空间建设。

二、研究意义

公平正义是中国特色社会主义的核心价值观的重要内容，是中国共产党不懈追求的价值目标，居住正义是实现人民美好生活的基本要求，也是社会主义和谐社会建设的一项重要内容。研究中国特色社会主义城市居住空间正义具有重要的理论意义与实践价值。

（一）理论意义

第一，有助于丰富与发展马克思主义理论。在有关社会空间问题上，“空间”始终内含在马克思主义的历史唯物主义叙事、政治经济学批判以及后期的东方社会理论中。[①] 马克思、恩格斯在《德意志意识形态》《共产党宣言》《英国工人阶级状况》《论住宅问题》和《资本论》等著作中对资本造就城镇化和大量人口的空间聚集以及城市—乡村社会空间二元对立的分析，对资本全球化导致“历史”向“世界历史”转变的分析均表现出隐含的居住空间正义思想。这些思想亟需结合中国特殊的时空情境找到最为切合中国城市发展的维度。居住空间正义是新时代马克思主义学者们需要直面的哲学问题和现实问题。在马克思主义居住空间正义思想的指导下，借鉴中国传统文化中的居住空间正义思想，探求中国特色社会主义城市居住空间正义的建构路径。以抛开工具理性，消除城市异化，促进人的全面发展为理论旨趣，既是对马克思主义居住空间正义思想的延续，也是对马克思主义唯物史观的有力补充和论证。

第二，有助于完善中国特色社会主义理论体系，增强中国特色社会主义的理论自信、道路自信、制度自信、文化自信。习近平总书记指出：“我们中国共产党人干革命、搞建设、抓改革，从来都是为了解决中国的现实问题。可以说，改革是由问题倒逼而产生，又在不断解决问题中得以深化。”[②]同

① 王志刚：《马克思主义空间正义的问题谱系及当代建构》，《哲学研究》2017 年第 11 期。

② 习近平：《关于〈中共中央关于全面深化改革若干重大问题的决定〉的说明》，《人民日报》2013 年 11 月 16 日。

样，我们党对许多重要理论的认识也是适应不断变化的新形势和新任务，基于实事求是的原则，在不断探索中逐渐深化、与时俱进的。中国特色社会主义城市居住空间正义问题的产生是基于经济全球化的国际形势，基于改革开放的国内背景。该问题的解决需要国际视野，更需要立足本国国情，加强顶层设计、系统谋划，积极寻求解决路径，形成新的理论体系。习近平总书记在十八届中共中央政治局第一次集体学习时的讲话指出："中国特色社会主义特就特在其道路、理论体系、制度上，特就特在其实现途径、行动指南、根本保障的内在联系上，特就特在这三者统一于中国特色社会主义伟大实践上。在当代中国，坚持和发展中国特色社会主义，就是真正坚持社会主义。"①中国特色社会主义城市居住空间正义是从中国历史和国情出发，探寻中国自己的城市居住空间正义模式。改革开放以来中国共产党人对城市居住空间正义的实践探索及其经验总结有着特殊的时代特色和国情基调，是中国特色社会主义理论体系的重要组成部分。对这一理论的积极探索有助于完善中国特色社会主义理论体系，增强中国特色社会主义的理论自信、道路自信、制度自信、文化自信。

第三，有助于构建本土化的城市居住空间正义理论，推进城市哲学学科的发展。学术界对于城市问题的研究大多局限于地理学科和城市规划学科，从哲学、社会学、政治学、行政学等学科角度进行研究的不多。本书试图从哲学的宏观视角及城市发展的价值尺度入手，探讨城市居住空间正义发展和建设的主观目的性和客观规律性的统一。城市居住空间正义作为一种规范性的导向，其价值在于指导城市居住空间生产行动，解决城市居住空间非正义问题，探讨城市居民居住空间自由、居住机会均等以及全面发展等问题，关注制度和政策安排对城市居住空间正义建构的有效性，引导和评估城市居住空间正义的发展办法，为构建本土化的城市居住空间正义理论提供建设性意见和参考。作为一项跨学科的研究，本文有助于营建与推进城市哲学，助推城市哲学学科的发展，有助于探索如何把城市哲学研究同深层把握中国城市社会的特性相结合，推动城市哲学研究从更多关注西方空间与

① 习近平：《习近平谈治国理政》，外文出版社 2014 年版，第 9 页。

城市理论，走向更加自觉地关注城市研究的本土资源、本土问题。①

（二）实践意义

第一，有助于中国特色社会主义城市居住空间正义的构建。在居住空间资源配置中居民的住房是最为核心的问题，社会主义制度下住房保障属于基本“民生”范畴。从2005年到2021年，住房问题一直是政府“两会”热议的焦点。2011年制订的“十二五”规划纲要强调“提高住房保障水平、加大保障性住房供给”的目标，明确提出：“强化各级政府责任，加大保障性安居工程建设力度，基本解决保障性住房供应不足的问题；多渠道筹集廉租房房源，完善租赁补贴制度；重点发展公共租赁住房，逐步使其成为保障性住房的主体。”2016年的“十三五”规划纲要再次强调：“健全住房供应体系。构建以政府为主提供基本保障、以市场为主满足多层次需求的住房供应体系，优化住房供需结构，稳步提高居民住房水平，更好保障住有所居。完善购租并举的住房制度。以解决城镇新居民住房需求为主要出发点，以建立购租并举的住房制度为主要方向，深化住房制度改革。对无力购买住房的居民特别是非户籍人口，支持其租房居住，对其中符合条件的困难家庭给予货币化租金补助。把公租房扩大到非户籍人口，实现公租房货币化。研究完善公务人员住房政策。”2021年“十四五”规划纲要强调：“坚持房子是用来住的、不是用来炒的定位，租购并举、因城施策，促进房地产市场平稳健康发展。有效增加保障性住房供给，完善土地出让收入分配机制，探索支持利用集体建设用地按照规划建设租赁住房，完善长租房政策，扩大保障性租赁住房供给。”②由此可见，中国政府正积极致力于改善人民居住条件，实现城市居住空间正义。本书对我国居住空间非正义的影响因素进行逻辑分析，强化居住空间正义制度和政策的顶层设计，提出中国特色社会主义城市居住空间正义建构路径，可以为政府决策部门提高住房保障层次和水平提供参考。

① 陈忠：《空间与城市哲学研究》，上海社会科学院出版社2017年版，第2页。

② 中共中央关于制定国民经济和社会发展第十四个五年规划和二〇三五年远景目标的建议[EB/OL].新华网，http://www.xinhuanet.com/2020-11/03/c_1126693293.htm，2020-11-03。

第二,为解决城市居住空间非正义问题提供思路和对策。从现实发展来看,“资本空间化的双重本性、双重逻辑实效在我国得到了充分展现。一方面,无论是城市空间中事物的生产,还是城市空间本身的生产都得到很大的发展,显示出了巨大的城市繁荣。另一方面,资本无限地追求利润导致区域发展的不平衡性加剧,空间资源占有和分配的不平等性增强。[①] 特别是随着城市化进程的加快,城市居住空间生产过程中出现了居住空间权力失范、居住空间权利缺失、居住空间配置不均、居住空间产品难以共享等问题。随之而来的是,城市居住区域等级化、失居人数增加,最终导致城市居住空间分异与社会分化的加剧。本文从中国城市居住空间生产语境出发,从价值论角度反思和批判中国城市居住空间非正义问题,科学把握我国各阶层之于城市居住空间的伦理诉求,从而帮助决策层制定切实有效的城市政策,实现城市居住空间的共享性、宜居性。

第三,有助于培育以人为本的居住空间伦理。对社会公正的追求、对社会成员居住空间利益多元化的正视是一个健康正义社会的基本要求。本书将深入探究中国特色社会主义城市居住空间正义的原则体系,提出必须坚持属人性、平等性、差异性、和谐性、开放性、补偿性等原则,构建符合大众接受度的居住空间伦理,激发大众居住空间正义敏感性,培育社会居住空间文化,使得居住空间生产体现人的主体性价值。

三、研究综述

(一)国外城市居住空间正义研究现状

国外学术界围绕城市居住空间正义问题形成了几种典型的分析脉络:

早在18—19世纪,空想社会主义者傅立叶的“法郎吉”和欧文的“共产村”就在努力体现“居住空间正义”原则。马克思在《资本论》,恩格斯在《乌河培谷的来信》《英国工人阶级状况》和《论住宅问题》等经典文本中,深刻阐述了有关“居住空间正义”的基本思想,马克思、恩格斯分析了资本主义社会存在的居住空间非正义现象及其根源,并对资本统治城市空间或者空间生产的资本化进行了深刻批判,提出了资本主义社会实现空间正义的根本途

① 任政:《正义范式的转换:从社会正义到城市正义》,《东岳论丛》2014年第5期。

径，即消灭私有制，消灭城乡对立。

20 世纪初至 30—40 年代，城市社会学派（最早是芝加哥学派）针对城市两极分化、居住隔离等社会现象，借用生物界自然竞争的生态学规律来研究城市空间结构及其变化，故称其为古典人类生态学派。其中，最著名的是关于城市居住空间结构的三大模型，即伯吉斯的"同心圆"模式、霍伊特的"扇形"模式和哈里斯、乌曼的"多核心"模式。这些成果对美国社会学理论及经验研究产生了广泛和深远的影响。但不足之处在于过分强调生物性因素在社会中的作用，相对忽视社会性因素，追求普遍化的理想模型，对复杂的城市居住空间的变化缺少解释力。

20 世纪 60—70 年代，城市社会文化学派在对居住空间的研究中加入社会文化因素，说明非经济的文化价值在决定城市土地利用上的重要性，并指导社区规划朝有利于提高城市整体功能的方向发展。不同的社会与民族价值观，最终形成了风格各异的地方城市景观体系，城市空间实际上就是地方文化的外在表现。城市居住空间的分布也受到文化因素的影响。

20 世纪 70 年代，新韦伯主义城市社会学派视城市为一个社会—空间系统，将芝加哥学派城市理论与韦伯社会学的重要概念及方法结合起来。雷克斯和墨尔的"住房阶级"理论认为，获得稀缺住房资源的途径在城市居民中的分配是不平等的，了解获得稀缺住房类型的途径以及住房在城市人口中的配置状况成为理解城市生活机会分配的关键所在。根据人们的居住状况，可以将城市居民划分为五个住房阶级，研究各阶级对稀缺住房资源的争夺及冲突，对解释城市的社会结构和社会冲突有重要意义①。

20 世纪 70 年代开始，西方马克思主义的城市政治经济学理论成为西方城市理论的一种新思潮。这一理论把西方城市社会及其居住空间结构的变化，放到资本主义社会生产方式的基本矛盾运动中加以考察，具有很强的批判精神，解决了人类生态学所不能回答的、城市社会变迁的许多现实问题。其代表人物卡斯特认为，包括住房、医疗、交通、闲暇设施等在内的集体消费成为城市社会学的研究对象。住房作为一种集体消费品，其生产服务

① 蔡禾：《城市社会学：理论与视野》，中山大学出版社 2003 年版，第 1—19，40—61，145—205 页。

于垄断资本的利益，必然存在垄断资本利益对消费品生产的支配与不断增加的消费过程的集体性和相互依赖性之间的矛盾。所以，国家对集体消费品生产和管理的干预就变得越来越必要，但也并不能从根本上解决问题。空间正义概念化的一个实际起点就是“领地正义”，它是由布莱迪·戴维斯1968年提出，随后由戴维·哈维在1973年的《社会正义与城市》中借用并创造性地发展为“领地再分配式正义”。哈维对这一概念的定义，即社会资源以正义的方式实现公正的地理分配，不仅关注分配的结果，而且强调公正地理分配的过程。但是在实现公正分配的方式上，戴维·哈维从原先的自由主义原理转向了作为一个西方马克思主义学者的批判。他认为资本主义城市本质就是产生不公正的机器，因此消除城市和地区的不正义与不公平，必须进行结构和制度的变革。哈维在《正义、自然和差异的地理学》和《全球资本主义空间——走向一个不平衡地理发展理论》中做了进一步的论述。[①]另一代表人物列斐伏尔在对资本主义城市空间中的压迫和异化的批判中提出了“城市权利”的思想。苏贾把城市权利和空间生产联系在一起，认为“城市权利”就是公民控制空间生产的权利，城市居民有权拒绝国家和资本力量的单方面控制。它或许是“空间转向”在政治学领域最强势和成功的延伸。[②] 2000年左右，城市权利成为学术研究和讨论的热门议题，并被很多社会、政治组织和社会运动作为行动的口号。“城市权利”的目标不仅是公民进入城市空间的权利，更重要的是进入空间的生产过程，使得城市及其空间的变革和重塑能够反映公民的意见和要求。城市权利成为与空间正义相互交织、密不可分的概念，并促进了多学科的“空间转向”。

（二）国内城市居住空间正义研究现状

随着我国城市居住空间生产的发展以及居住空间非正义问题的不断出现，居住空间正义作为民众对美好生活的期许，在人文社科领域越来越呈现其重要性，因而受到学者们的普遍关注。国内学者对于城市居住空间正义的研究源于对马克思恩格斯居住空间正义思想的追溯，主要从马克思恩格

---

① Edward W. Soja, *Seeking Spatial Justice*, Minneapolis: University of Minnesota Press, 2010.

② Barney Warf, and Santa Arias, *The Spatial Turn: Interdisciplinary Perspectives*, London: Taylor & Francis, 2008.

斯的经典论著出发，系统梳理了马克思恩格斯关于城市居住空间正义的相关论述与理论思考。2000 年后，随着居住空间矛盾的日益尖锐，国内学者自觉以马克思恩格斯居住空间正义思想为指导，立足国际视野，面向国内城市居住空间非正义问题，尝试从宏观与微观等视角探究当代中国城市居住空间正义的建构问题，相关研究呈现出多元化发展的态势。总体而言，研究议题主要集中于以下方面：

1. 关于居住空间正义的概念阐释

王文东认为，居住正义就是住宅的建造和规划与人们的需求相适应，与社会发展相协调，使居住与环境和谐，与主体需求相一致，实现居住空间的合理与正当发展。① 何舒文认为，居住空间正义指居住空间生产和居住空间配置领域中公民的基本权利和义务，其主题在于决定居住空间生产和分配的基本制度。② 高惠珠认为，居住正义具有整体主义的含义，它不仅反对人为的居住隔离、居住等级体系及居住的两极化，也反对在建造摩天大厦、商务楼和居民住宅时，一边是高楼拔地起，一边让农民工住简易工棚的不公平现象。③ 林秀珍认为，居住正义，即居住权的公平正义。居住正义必须合乎居住公平与居住正义两个原则，前者是指在现代化社会中，每一人不论其收入、身体状况、性别、年龄、家户特性、族群文化如何，都应该获得平等对待，而能住得有尊严；后者是指现存社会中，若穷人的居住环境未获改善之前，则社会若存在着富人住豪宅，穷人住陋室，甚或无家可归等现象，则不符合居住正义的原则，是一个不合乎公理正义的社会。④ 吴海瑾认为，住房正义探讨的是住房资源的生产、分配和"居者居其屋"的权利实现问题，关注的是一个社会制度体系按照怎样的原则和规则实现社会成员居住的基本权利，以实现"居者居其屋"为价值目标，体现一定的社会体系和制度中关于住房权利分配和保障制度所彰显的价值追求，其核心内涵是"给予每一位社会成员居住的权利保证"。⑤ 李永然认为，居住正义至少应该合乎居住公平，

---

① 王文东：《恩格斯的居住正义思想及其启示》，《哲学动态》2010 年第 5 期。

② 何舒文、邹军：《基于居住空间正义价值观的城市更新评述》，《国际城市规划》2011 年第 4 期。

③ 高惠珠、刘严宁：《以人为本、空间正义与上海城市建设》，《"以人为本与中国社会主义现代化建设"学术研讨会暨中国人学学会第 12 届学术年会论文集》2010 年 8 月。

④ 林秀珍：《基于收入分配视阈的居住正义国际比较》，福建师范大学博士学位论文 2015 年。

⑤ 吴海瑾：《中国新时代住房正义的内涵及制度优越性》，《学海》2020 年第 4 期。

即在现代社会中，每一人不论其所得、身心机能、性别、年龄、家户特性、族群文化如何，都应该获得平等对待，且能住得有尊严；也就是说社会上不应有人无处栖身，或住在不合乎最低居住标准的住宅内。居住正义包含两个主要目标：一是健全房屋市场并抑制房价飙涨，让一般家庭在合理负担下能够租屋、买屋、换屋；二是兴办社会住宅并补贴照顾弱势者，让青年与底层弱势者的基本居住权益可以得到保障。①

部分学者在阐释住房公平概念内涵时，间接表述了居住空间正义思想。刘林认为，住房公平是指大部分人通过住房市场实现住房权利，少数弱势群体通过二次分配实现住房权利；住房公平具体应该包含住房权利公平、分配规则公平、分配结果公平和住房保障公平这四方面内涵。② 卢珂等认为，住房公平应包含三方面内涵：一是居民拥有获得基本居住需求的自由；二是政府应该保障居民的基本居住权；三是在满足不同阶层居民住房需求的同时，政府应该提高住房资源的配置效率。③ 丁煌等认为，住房公平就是要合理地配置住房资源，保障所有居民拥有公平的住房机会和居住权利。④

2. 对马克思恩格斯居住空间正义思想的挖掘

马克思、恩格斯并没有忽视空间问题，空间是马克思、恩格斯观察问题的一个独特视角，“某种意义上构成了他们理解资本主义的中轴”。⑤ 马克思恩格斯关于居住空间正义的思想散布于《资本论》《共产党宣言》《德意志意识形态》《英国工人阶级状况》《论住宅问题》等经典著作中。国内学者对马克思恩格斯居住空间正义思想的探索大抵经历了以下四个阶段：第一阶段，起源于20世纪80年代初期。以吴存忠、吴存孝、戴念慈为先驱，他们以重读恩格斯的《论住宅问题》为切入点，初步探讨了恩格斯对住宅问题的考察及批判。针对资本主义社会居住情况的恶化，他们将恩格斯的分析简单地概括为资本家的剥削及工业发展两个方面的原因，他们提出了马克思恩格斯居住思想及对资本主义居住问题的批判。同时，结合我国的居住实际，

① 李永然：《人民居住权的法律保障：中国台湾与大陆的比较》，《人权》2015年第2期。

② 刘林：《住房不公平与政府失灵》，吉林大学硕士学位论文2006年。

③ 卢珂、李国敏：《住房公平与政府正义》，《社会科学辑刊》2012年第4期。

④ 丁煌、杨安队：《住房公平：中国城市住房政策的价值回归》，《中国公共政策评论》(第8卷)，上海人民出版社2007年版，第1—10页。

⑤ 刘红雨：《论马克思恩格斯空间正义思想的三个维度》，《西北师大学报》2013年第1期。

进行了有意义的探讨。第二阶段，大约始于20世纪90年代初期止于20世纪末。以孙荷生、于随圃、严涵、陈柏东等为代表，他们对马克思恩格斯居住正义思想的探究在沿着上一阶段步伐前进的同时，又提出了一些新的命题。如孙荷生、于随圃对恩格斯解决居住问题的实现路径、城市住宅紧缺的一般与特殊原因、租金的本质等进行了探讨。严涵指出，我国面临的住宅问题和马克思、恩格斯笔下德国的住宅问题不是同一性质的问题，且强调居住问题都应当给予重视；陈柏东则提出对住宅问题认识论的定位等新观点；该阶段的探讨性文章对马克思恩格斯居住正义有了初步认知，作者有着自发性的阐释。第三阶段，始于21世纪初期，即马克思恩格斯居住正义思想的正式提出与诞生阶段。以姜迎春、戴建秋、赵路华等为代表，他们从对马克思恩格斯居住问题的探究出发，逐步挖掘其居住正义思想。姜迎春认为，“恩格斯的论战性著作《论住宅问题》，深刻揭示了住宅问题的实质就在于资本的矛盾”[①]，戴建秋指出，“恩格斯把资本主义国家住宅问题的产生归为阶级压迫”[②]。王文东的《恩格斯的居住正义思想及其启示》标志着马克思恩格斯居住正义思想的正式提出。[③] 第四阶段，2010年以来，以李春敏、张彦、刘刚为代表，他们通过文本梳理，进一步补充马克思恩格斯居住正义思想，并结合实际进一步探讨该思想的现代价值。李春敏认为，“马克思、恩格斯对城市居住空间的研究，关涉城市居住空间生产的社会性、城市居住空间的资本化及其后果、政府在城市居住空间生产中的角色，以及空间剥夺与空间正义问题，重新梳理和挖掘马克思恩格斯的城市居住空间思想对于我们审视当代人类的空间生产实践具有重要的现实指导意义”。[④] 张彦认为，“从对现实居住问题的深入批判到对理想制度形态的科学构想，马克思恩格斯建构出以居住权利的平等、居住关系的和谐与居住选择的自由为价值内涵的居住正义

① 姜迎春：《论资本的矛盾性及其克服——重读恩格斯的〈论住宅问题〉》，《社会主义研究》2007年第4期。

② 戴建秋：《从哲学视角浅谈我国的住宅问题——读〈论住宅问题〉有感》，《传承》2011年第14期。

③ 刘刚：《马克思恩格斯居住正义思想研究》，福建师范大学硕士论文2012年。

④ 李春敏：《马克思恩格斯对城市居住空间的研究及启示》，《天津社会科学》2011年第3期。

思想。这一思想对当前我国推进协调发展和实现社会和谐具有重要的指导意义”。[①] 刘刚提出，“马克思、恩格斯认为资本主义社会居住问题有失公义的根本原因在于资本主义的剥削本质，主要原因在于资本主义的社会制度，而人口大量迁移城市，城市规划不当，居住主体生活习惯不良是其外因”。[②]

3. 对西方马克思主义居住空间正义思想的介绍

高春花以爱德华·苏贾的研究为例，对居住空间正义缺失的表现、原因及解决路径问题进行了研究，认为美国地理学家和城市规划学家爱德华·苏贾以“空间—时间—存在”三元辩证法为理论基础，揭示了居住空间对于人之存在的重要意义，认为在资本主义条件下，居住空间正义缺失主要表现为空间贫困和居住分异，揭示了导致空间正义缺失的主要原因是资本任性和权力滥用，主张边缘群体应该采取集体行动来对抗空间不正义。[③] 王志刚以整个新马克思主义空间理论逻辑的展开为基本线索，深入探讨了新马克思主义空间学派的三位主要代表人物——列斐伏尔、卡斯特尔和哈维的空间正义思想，揭示他们理论之间的传承与变迁以及将“空间正义”作为一个新的研究范式所呈现出来的、相对一致的思想特征。[④] 谢富胜提出，列斐伏尔、卡斯特和哈维分别从空间生产、集体消费和资本循环的时空修复等不同角度，突出了空间的社会属性和生产方式结构因素的决定作用，发展了马克思主义城市居住空间理论。[⑤]

4. 对当代中国城市居住空间非正义现象的研究

（1）关于城市居住空间非正义现象的分析

张淑认为，现代城市空间日益同质化、精致化和审美化，但同时也存在着物质空间资源分配不正义及伦理精神缺失的两重困境。物质空间资源分配不正义体现在由住宅分层导致空间隔离，造成社会空间资源被不公正地分配；伦理精神缺失则具体表现为传统伦理观念、城市人文精神及空间场所

① 张彦：《资本逻辑与居住正义：论马克思恩格斯对城市居住问题的批判》，《江苏行政学院学报》2019 年第 2 期。

② 刘刚：《马克思恩格斯对资本主义居住失义的成因分析》，《当代社科视野》2013 年第 1 期。

③ 高春花：《居住空间正义缺失的表现、原因及解决路径——以爱德华·苏贾为例》，《伦理学研究》2015 年第 1 期。

④ 王志刚：《社会主义空间正义论》，东南大学博士学位论文 2011 年。

⑤ 谢富胜：《城市居住空间的三种理论分析脉络》，《马克思主义与现实》2017 年第 4 期。

精神的缺失。[①] 张彦认为，我国城市居住问题存在“居住贫困”“居住区隔”“居住异化”等多重问题，对人民美好生活的获得与共享社会的发展构成了诸多制约。[②] 何舒、文邹军从居住空间正义的角度提出，当前的城市更新中存在危房改造的扭曲化、空间与社会的碎片化、旧城保护的标本化等非正义现象。[③]

20 世纪 80 年代末、90 年代初以来，国内学界对城市居住空间分异这一非正义现象进行了多维研究。杜德斌等将“居住空间分异”定义为：不同的社会阶层由于经济收入和社会地位差异以及家庭结构、择居观念的不同而产生的居住水平和居住区位的差异，在空间形态上形成面积不同、景观相异、相互隔离且具有连续性发展趋势的同质化居住体系。[④] 吴启焰、顾朝林、张京祥、杨上广、李雪铭、汤新等学者围绕城市居住空间分异的动力机制问题展开了研究，深入探讨了城市居住空间分异的宏观背景、综合动力模式及其复杂原因。黄怡、黄友琴、易成栋等学者对上海、武汉等特定城市居住空间分异的状况进行了问卷调查。刘冰、张晋庆等学者采用上海市五个社区作为代表，对城市居住空间分异的主要表现进行了研究。李志刚等学者对城市居住空间分异现象发展趋势及其对社会的影响进行了研究。鉴于城市居住空间分异的发展将会产生众多负面的社会后果，孙斌栋、吴雅菲等学者在研究中提出了如何适度控制居住空间分异、缓解空间分异带来的负面影响的对策。迄今为止，居住空间分异的研究主要集中在地理学和城市规划学领域。

(2) 关于城市居住空间非正义现象的原因分析

国内学者对此比较一致的看法是资本逻辑与地方政府职能是导致城市居住空间非正义现象的主要原因。钟顺昌认为，“由于资本的趋利本质，那些坚持资本取向的城市计划和政策很多时候并不符合普通城市居民和贫困阶层的利益”[⑤]。曹现强、张福磊认为，在城市空间的生产与重构过程中，地

① 张淑：《现代城市居住空间正义的两重困境》，《伦理学研究》2018 年第 3 期。

② 张彦：《论居住正义对共享发展理念的体现与实现》，《西北工业大学学报》2019 年第 4 期。

③ 何舒文、邹军：《基于居住空间正义价值观的城市更新评述》，《国际城市规划》2011 年第 4 期。

④ 杜德斌：《论住宅需求、居住选址与居住分异》，《经济地理》1996 年第 3 期。

⑤ 钟顺昌：《空间正义——城市化的伦理选择》，《当代经济》2013 年第 9 期。

方政府过分重视经济效益，在公共政策中没有将空间的公正作为优先价值，从而造成了空间正义的价值与制度条件的缺失，导致了空间非正义。[①] 陈忠用集体行动的逻辑来反思中国城市化，认为松散的"空间消费者"在勾结的"空间生产者"面前"天然"处于弱者地位，而"空间生产者"对空间生产权的联合垄断必然导致空间非正义。[②] 张京祥、胡毅讨论了空间非正义矛盾的核心在于经济快速发展的同时，社会治理滞后所带来的社会公正缺失现象。[③] 王志刚认为，在城市空间发展过程中，重视 GDP 总量即效率多于空间公正是产生空间非正义的主要原因。[④] 高晓溪讨论了城市阶层的分化也是空间非正义的表现。[⑤] 徐震讨论了城市空间非正义源于在高速化的城市发展中，过度夸大市场经济原则的同时地方政府和法律作用的缺失现象。[⑥]

（3）关于城市居住空间正义的建构路径分析

任平认为，中国可持续城市化，应当在以下三个方面贯彻"空间的正义"原则：其一，强化政府责任，全力保障公民对空间享有的基本权益。其二，加强政策引导，积极化解空间资源占有的矛盾，构建城乡之间、空间富有者与相对贫困者之间的和谐共生关系。其三，解放与发展空间生产力，优化空间环境，实现可持续城市化。[⑦] 陈忠认为，城市正义的内容及其建构路径都具有历史性，以社区、社团为载体，自觉建构"集体行动"，是克服城市发展中资本逻辑过强、建构当代中国城市正义的重要实践路径。[⑧] 李兰芬认为，"美好生活"是城市的深层伦理目标，是城市正义的核心内容，在城市发展中确立"美好生活"的价值目标，对解决城市问题，规范城市行为具有重要意义。[⑨] 高春花认为，要解决我国空间正义问题，需要从价值理性和工具理性两个层面找寻路径。从价值理性上，为城市空间的"合目的性"发展提供发

---

① 曹现强、张福磊：《我国城市空间正义缺失的逻辑及其矫治》，《城市发展研究》2013 年第 3 期。

② 陈忠：《空间辩证法、空间正义与集体行动的逻辑》，《哲学动态》2010 年第 6 期。

③ 张京祥、胡毅：《基于社会空间正义的转型期中国城市更新批判》，《规划师》2012 年第 12 期。

④ 王志刚：《论社会主义空间正义的基本架构——基于主体性视角》，《江西社会科学》2012 年第 5 期。

⑤ 高晓溪、董慧：《城市空间正义——以城市空间活动的建构为线索》，《前沿》2012 年第 19 期。

⑥ 徐震：《关于当代空间正义理论的几点思考》，《山西师大学报》2007 年第 9 期。

⑦ 任平：《空间的正义——当代中国可持续城市化的基本走向》，《城市发展研究》2006 年第5 期。

⑧ 陈忠：《空间辩证法、空间正义与集体行动的逻辑》，《哲学动态》2010 年第 6 期。

⑨ 李兰芬：《美好生活：城市意义的批判与建构》，《学习与探索》2011 年第 2 期。

展伦理学依据。从工具理性上，通过政府的力量弥补资本的缺陷。[①] 钱玉英、钱振明则认为，以恰当的公共政策引导和控制城镇化，是政府促进城镇化走向空间正义的基本路径。走向空间正义，城镇化公共政策本身也必须符合正义原则。健全良好的公共政策机制，形成正义的城镇化公共政策，促进城镇化走向空间正义，是中国特色城镇化道路的必然选择。[②] 曹现强、张福磊则明确提出，我国城市空间正义缺失问题亟需进行相应的矫治：一是对城市本质的反思和城市发展价值取向的更新；二是制度是价值的实现与冲突的场域，想要实现城市空间正义的价值，就需要制度来加以保障，尤其是城市治理机制；三是中国城市空间正义缺失的矫治需要公共政策的支撑；四是要正确认识和应对源于空间不公的社会抗争行动。[③] 林顺利认为，空间正义的具体操作路径为：一是建立城市发展规划决策的公共参与机制；二是建立健全城市发展规划过程的监督机制；三是坚持城市发展规划的福利取向。[④] 张淑认为，解决物质空间资源分配不正义及伦理精神缺失的两重困境，需要在空间资源分配中合理协调和平衡不同阶层居住群体的空间利益，同时关注城市伦理精神建设，促进居住空间与人的和谐共融，实现城市居住空间的公平、正义、美好。[⑤] 张彦认为，构建城市居住正义，就是要给予广大人民不断发展的美好居住需要以更多关注和满足，转变城市居住资源生产“利益至上、贵物轻人”的资本逻辑，保证居住资源公平有效地惠及全体社会公众，构建起以公正、和谐、共享为特征的居住关系，为人们美好生活的实现和人的自由全面发展创造条件。这是对新时代中国特色社会主义共享发展理念坚持以人民为中心价值原则的有力彰显与实践。[⑥] 高惠珠认为，抑制居住空间两极分化的势头，遏制社会强势群体对弱势群体与无力购房者、或经适房居住者不同程度的“空间侵占”和“空间剥夺”。因此，用制度

① 高春花、孙希磊：《我国城市空间正义缺失的伦理视阈》，《学习与探索》2011 年第 3 期。

② 钱玉英、钱振明：《走向空间正义：中国城镇化的价值取向及其实现机制》，《自然辩证法研究》2012 年第 2 期。

③ 曹现强、张福磊：《我国城市空间正义缺失的逻辑及其矫治》，《城市发展研究》2012 年第 3 期。

④ 林顺利：《论城市发展的空间正义——基于城市贫困空间剥夺的研究》，《科技风》2010 年第 5 期。

⑤ 张淑：《现代城市居住空间正义的两重困境》，《伦理学研究》2018 年第 3 期。

⑥ 张彦：《论居住正义对共享发展理念的体现与实现》，《西北工业大学学报》2019 年第 4 期。

贯彻同一社区内，适度混合居住模式和维护居住与就业的平衡是坚持城市空间正义的现实途径。①

对其他国家或地区建构空间正义的经验借鉴。马晓燕在《空间正义的另一种构想——“差异性团结”及其反思》一文中介绍了美国著名政治哲学家艾利斯·扬的“差异性”理念。该理念认为，解决居住空间正义问题，首先应承认居住地分化与隔离这一事实，并且从另外一个视角来看待居住地分化这一问题，这是居民自由选择权利的体现。但是，对这种分化与隔离不能等闲视之。这就要求发挥一种主体间性作为被分化隔离的人群，应当保持一种开放的胸襟，接纳外部的世界；同时，作为隔离的人群，应对被隔离人群保持最起码的尊重，不能带有歧视的眼光，这是最基本的伦理道德。与此同时，政府还要发挥其应有的作用，通过加强城市基础设施建设，改善被隔离分化地区的生活条件，让发展的成果惠及所有的人群。

(4) 在阐述其他社会空间问题时论及居住空间非正义问题

黄晓军在探讨转型期大城市社会空间治理时论及居住空间非正义问题，提出中国经济社会的快速转型深刻影响并不断重构大城市社会空间，居住空间分异、城市空间剥夺、弱势群体边缘化、郊区社会空间“破碎化”、“城中村”等构成大城市社会空间的典型问题。从单位大院转型、住区混合开发、边缘区治理、旧城更新与城中村改造以及政府与规划的调控等角度提出治理我国大城市社会空间的对策要点。② 刘定惠在研究成都市居住空间结构的历史演变与规律时，谈到成都存在居住空间发展不平衡、居住分异明显、居住边缘化和郊区化等居住空间非正义问题。③ 慈勤英、张芳在研究城市贫困空间固化的社会治理过程中，提出城市贫困空间多元固化性日趋突出，表现为弥漫型面状扩张、镶嵌状隔离与簇状隔离、碎片化的“城中心、外围区和城乡接合部”贫困空间集聚。住房体制改革、市场化开发拆迁、流动

① 高惠珠、刘严宁：《以人为本、空间正义与上海城市建设》，《“以人为本与中国社会主义现代化建设”学术研讨会暨中国人学学会第12届学术年会论文集》2010年8月。

② 黄晓军：《转型期我国大城市社会空间治理》，《世界地理研究》2009年第1期。

③ 刘定惠：《2300多年来成都市居住空间结构演变过程研究》，《云南地理环境研究》2011年第3期。

人口聚集以及公共资源分布不均衡等固化了贫困空间的集中化。[①] 吴志成在论述城市社区居住空间的思想政治教育功能及实现过程中谈到，作为一种社会思潮，居住空间正义理论促成了地理学对思想政治教育学研究领域的侵入，为观察思想政治教育现象提供了新视角。坚持五大发展理念、引导多元主体参与以及重塑社区制度规范是实现居住空间正义，发挥思想政治教育功能的现实路径。[②] 杨卡在研究大都市郊区新城居住空间的发展、问题与对策时提出，新城居住空间的社会演变经历了初步侵入、多元变动和空间分化的三个阶段，在不同阶段面临不同的问题，包括：配套滞后、空间失配、住房空置问题，以及空间资源分配不公和空间边缘化等。在此基础上提出构建城市居住空间正义的主要对策：新城空间的去边缘化、促进居住与就业的均衡、优化景观资源配置、符合住区性质的差异化配套、优化公共空间建设时序等措施建构城市居住空间正义。[③] 潘泽泉在分析农业转移人口市民化体现的多重逻辑——市民化过程中的空间政治、居住空间隔离与居住空间分异的空间实践逻辑时涉及了居住空间非正义问题。[④] 茹伊丽以杭州作为研究实例，结合空间正义原则和发达国家在保障房建设上的成功经验，通过调查杭州现有公租房与在建公租房项目的居住空间特征，分析杭州公租房在空间布局、空间组织和空间融合上存在的居住空间非正义问题，并提出优化对策。[⑤]

总体而言，国内学者关于城市居住空间正义的研究成果为后续研究提供了颇具参考价值的文献资料，但是，由于对城市居住空间正义问题的研究起步较晚，系统性研究不够，仍然存在进一步拓展的研究空间。具体体现在以下方面：

第一，本土化研究不足。一方面，缺乏构建本土化空间理论的自觉。国

---

① 慈勤英、张芳：《城市贫困空间固化的社会治理研究》，《西南民族大学学报》2017 年第 3 期。

② 吴志成：《城市社区居住空间的思想政治教育功能及实现》，《胜利油田党校学报》2018 年第 6 期。

③ 杨卡：《大都市郊区新城居住空间的发展、问题与对策——以南京市为例》，《烟台大学学报》2010 年第 2 期。

④ 潘泽泉：《多重逻辑下的农业转移人口市民化过程：问题视域与理论争辩焦点》，《社会科学》2016 年第 11 期。

⑤ 茹伊丽：《空间正义观下的杭州公租房居住空间优化研究》，《城市发展研究》2016 年第 4 期。

内学界重视对西方马克思主义空间理论的介绍，但偏重于宏观新马克思主义空间理论的阐释，拘泥于抽象概念和范畴的争论，困顿于纯粹抽象王国，缺乏从历史与现实双重维度考察空间问题，进而缺乏构筑本土化的空间理论框架的自觉，这方面论文数量上颇多，但重复程度很高。“许多自称代表本土特色和水平的模仿研究恰恰是一种可以称为‘后现代’的拼凑。”①另一方面，构建本土化城市居住空间正义理论框架的研究尚显不足。居住空间正义涵盖经济、政治、文化和生态等诸多层面，居住空间生产正义、居住空间分配正义、居住空间价值正义等共同构成了居住空间正义的多维内涵。对于如何以马克思主义为指导，借鉴西方马克思主义空间正义研究范式，分析中国特色社会主义城市居住空间正义的基本特征、原则体系、实践经验、影响因素及建构路径等基本理论问题，强化居住空间正义制度和政策的顶层设计，构建中国特色社会主义城市居住空间正义的多元立体理论框架需要进一步深入系统研究。

第二，理论借鉴不足。一方面，国内学界对西方新马克思主义学者的“居住空间正义”思想的挖掘以及借鉴不足。新马克思主义学者有关空间正义的著作虽然没有直接探讨居住空间正义问题，但事实上都有不同程度的涉及，学界对此缺乏系统的归纳与阐述；另一方面，对中国传统文化中的居住空间正义思想有待进一步挖掘。中国传统文化中蕴含着丰富的居住空间正义思想，中国古代文献典籍对于人类建筑和居住形态以及公平正义等内容都有较为详细的阐述，提炼居住空间正义相关论述，梳理居住空间正义思想发展脉络，可以为当前中国特色社会主义城市居住空间正义的构建提供一定的经验借鉴。

第三，比较研究欠缺。一方面，现有研究缺少对资本主义和社会主义不同语境下居住空间正义的差异比较研究。部分学者对不同国家或地区政府居住政策进行了比较研究，但围绕“居住空间正义”进行中西方理论与实践比较研究的成果较少。由于中西方在经济政治制度、社会文化结构等方面的差异较大，中西方居住空间正义面临的社会环境、实践基础不同，其目标

① 胡大平：《空间生产，当代人文社会科学的一个新的生长点》，《中国社会科学报》2009 年 9 月 1 日。

指向、实现路径也有所不同，这就使得西方居住空间正义理论的部分内容对中国并不适用，学界缺少中西方居住空间正义理论与实践的系统比较研究；另一方面，缺少新中国成立以来不同历史时期中国共产党人居住空间正义理论与实践的系统比较研究。学者们大多集中研究当前中国居住空间非正义问题的产生以及居住空间正义的合理性诉求，研究过于强调空间维度，相对忽略历史/时间维度，缺乏遵循历史唯物主义方法将空间建构和历史建构同时植根于中国特色社会主义生产关系的生产和再生产进程中的理论成果。依循历史维度对中国共产党人不同历史时期居住空间正义理论与实践经验进行系统梳理、比较分析，可以为中国特色居住空间正义的建构提供经验借鉴。

第四，学科色彩单一。对城市居住空间正义的研究大多集中于经济学和公共政策领域，研究文献主要来自地理学、城市规划学，单一学科的研究不容易窥见全貌，急需跨学科的交叉性研究和综合性研究。西方学者马尔库塞认识到，“仅仅关注空间是非常危险的：很多空间性问题的根源在于经济、社会、政治等领域，空间只是其中的一部分内容”①。因此，从多学科视角全面认识中国特色社会主义城市居住空间正义的本质属性，充分考量中国特色社会主义城市居住空间背后的权力、资本、社会力量等对居住空间生产的实际影响显得尤为必要。

总之，国内学界对城市居住空间正义问题的研究还处于起步阶段。相比较西方学者而言，国内学者对于居住空间正义更热衷于一种理念性的宏观研究，较为缺乏居住空间正义实现机制的学理论证与实践探索。需要从中国国情出发，对理论建构、政策制定和价值判断等问题进行综合反思，注重比较研究、实证研究，加强对主体及其日常生活实践等方面的微观探讨。需要进一步清晰和准确地界定居住空间正义概念体系，图绘居住空间正义的问题谱系，厘清居住空间正义思想史脉络，阐明经典马克思主义居住空间正义的原初视域、西方马克思主义居住空间正义理论的发展动态，以及从居住空间角度推动中国马克思主义理论创新，以上正是本研究努力的方向。

---

① 乔洪武、师远志：《经济正义的空间转向——当代西方马克思主义的空间正义思想探析》，《哲学研究》2013 年第 12 期。

四、研究路径

（一）研究思路

本书沿着概念预设、理论基础、问题分析、解决方案的逻辑理路展开，在总结学界现有研究成果的基础上，通过中西方不同语境下居住空间正义的比较分析，探讨我国城市居住空间正义的基本特征、原则体系、实践经验、现实问题、影响因素和建构路径，尝试构建中国特色社会主义城市居住空间正义的一般理论框架，以指导当代中国城市居住空间生产以及居住空间矛盾和危机的化解。

（二）篇章结构

主体框架分为导言、正文、结语三部分，基本思路和主要内容体现在以下方面：

第一章，中国特色社会主义城市居住空间正义的基本理论。本部分在厘清中国特色社会主义城市居住空间正义的概念内涵、实质指向的基础上，系统梳理中国特色社会主义城市居住空间正义的理论渊源。

第二章，中国特色社会主义城市居住空间正义的原则特征。本部分主要对中国特色社会主义城市居住空间正义的基本特征与原则体系进行细致深入的阐述，有效区别于资本主义城市居住空间正义理论。中国特色社会主义城市居住空间正义具有党的领导、人民性、实践性、可持续性的显著特征。其原则体系由基本原则（属人性原则、平等性原则和差异性原则）以及派生原则（和谐性原则、开放性原则和补偿性原则）构成。

第三章，中国特色社会主义城市居住空间正义的实践经验。本部分以我国城市居住空间的建设发展为主要线索，在文献梳理及政策回顾的基础上，按时间脉络对改革开放前后中国共产党的历届中央领导集体对城市居住空间正义的实践探索进行系统梳理，为当代中国城市居住空间正义的建构提供经验借鉴。

第四章，中国特色社会主义城市居住空间正义的现实问题。本部分以北京、上海等样本城市为例，对中国特色社会主义城市居住空间生产实践中的各种居住空间矛盾及其产生原因进行深刻解读，尤其对近年来居住空间贫困、居住空间区隔与居住空间异化等问题做出分析和探讨，对影响城市居住空间公正性因素进行总体性辩证分析，为提出建设性路径作参照。

第五章，中国特色社会主义城市居住空间正义的建构路径。本部分结合中国特色社会主义城市发展的基本经验，深入探讨以新发展理念引领构建中国特色社会主义城市居住空间正义的实践指南，具体从制度法律基础、政府职能转变、城市权利保障等维度研究中国特色社会主义城市居住空间正义的建构路径与实践模式。

第一章 中国特色社会主义城市居住空间正义的基本理论

本章通过厘清中国特色社会主义城市居住空间正义的核心概念、明晰中国特色社会主义城市居住空间正义的实质要旨，探寻中国特色社会主义城市居住空间正义的思想渊源，从理论层面对中国特色社会主义城市居住空间正义进行基本的学理分析。

第一节　中国特色社会主义城市居住空间正义的相关概念

本文指称的中国特色社会主义城市居住空间正义归属社会正义，是社会正义在城市居住空间的表达。对城市居住空间正义的概念界定，必须落实到城市社会空间以及城市居住空间生产实践的语境中。因为，城市居住空间正义是正义理论在城市居住空间生产语境下的重新出场，也是城市居住空间问题对正义理论的问题式激活与具体发展。从城市居住空间生产的角度来界定城市居住空间正义，理解的起点必须是对居住空间进行阐释，其次是对正义概念做出正确的判断。如此才能全面理解什么是城市居住空间正义以及中国特色社会主义城市居住空间正义。

一、居住空间、正义与居住空间正义

（一）什么是居住空间

居住空间不仅仅是城市地域空间内某种功能建筑的空间组合，它还是

人们生活、居住活动所整合而成的社会空间系统。[①] 居住空间同时具有社会和物质双重属性。居住空间的物质属性主要是指居住空间为人提供遮风避雨的场所，承载人的各种行为需求，满足人们社会生活中各种需要的属性。其主要体现在物质空间的形态特征上，其中最为主要的是居住用地空间布局结构和居住建筑环境空间的布局形式。[②] 居住空间从其本质而言是一种社会空间。居住空间是包含人们生活、居住活动的社会——空间系统，即哈维所提出的"社会—空间统一体"[③]。一方面，人创造、调整着居住空间，他们的价值观、态度和行为这些派生之物不可避免地影响居住空间，使居住空间产生连续变化；另一方面，居住空间又是他们存在的物质、社会基础，居住空间可以改变、创造和保持定居者的价值观、态度和行为。居住空间的社会属性表现的是居住空间的深层结构，决定着居住空间的物质属性，居住空间的物质属性反作用于居住空间的社会属性。[④]

（二）什么是正义

城市正义是关乎城市发展价值意蕴的深层次问题。正义最具共识性的内涵是给人以应得的分配公平，即社会资源包括社会福利和社会负担合理而恰当分配，体现的是社会共同体分配关系合理性的基本价值标准。[⑤] 当代最具影响力的政治哲学家罗尔斯提出的"作为公平的正义"理论，强调分配公平。他对一般正义观念的表述是："所有的社会基本善——自由和机会、收入和财富及自尊的基础——都应被平等地分配，除非对一些或所有社会基本善的一种不平等分配有利于最不利者。"[⑥]在罗尔斯看来，正义主要有两个层面的含义：一是体现为一系列基本权利与自由的正义，要求在社会成员之间平等分配；二是正义意味着一定条件下的差别与均衡，正义的社会制度应该通过各种制度性安排来改善弱势群体的处境，缩小他们与其他

---

① 吴启焰：《城市居住空间分异研究的理论与实践》，科学出版社 2001 年版，第 49 页。

② 曹雪丹：《1949 年以来我国城市居住行为与居住空间分析》，苏州大学硕士学位论文 2007 年。

③ 吴启焰：《大城市居住空间分异研究的理论与实践》，科学出版社 2001 年版，第 58 页。

④ 曹雪丹：《1949 年以来我国城市居住行为与居住空间分析》，苏州大学硕士学位论文 2007 年。

⑤ 秦红岭：《共享与善治：未来城市规划的价值诉求》，《人民论坛》2020 年第 2 期。

⑥ ［美］罗尔斯：《正义论》，何怀宏、何包钢、廖申白译，中国社会科学出版社 1988 年版，第 292 页。

人群之间的差距。如果一种社会政策或利益分配不得不产生某种不平等，乃是因为它们必须建立在公平的机会均等和符合最少受惠者的最大利益的基础之上，这样就可以从社会合作的维度上限制分配的不平等。① 罗纳德・德沃金进一步发展了罗尔斯的分配公平，突出资源平等观，将平等视为一种抽象的政治道德原则和至上美德，强调政府应给予每个人平等的关怀与尊重。② 苏珊・费恩斯坦将正义理论运用于正义城市研究，提出了正义城市的三个基本价值目标：即"公平""多样性"和"民主"。③

（三）居住空间正义的内涵

随着社会的发展，居住空间生产及资源配置成为社会重要功能之一。在当前我国不平衡、不充分发展的社会经济条件下，居民的住房应该是居住空间资源配置中最为核心的问题。据北京大学中国社会科学调查中心的调查（2014 年），在目前我国家庭财产的构成中，房产占绝对主导地位，房产在全国家庭平均财产中占了 74.7%④。住房问题已不仅仅是一般的民生问题，在经济领域，房地产业已成为我国的重要的经济支柱产业，深刻影响着经济结构的调整和经济增速的变化；在社会领域，住房状况成为社会成员货币获取能力、职业能力、文化能力等多种社会分层标准的集中体现，深刻反映着目前我国社会分层的现状。⑤ 住房能否得到满足既深刻影响着人民的安居乐业和社会的长足进步，更在一定层面上反映出人之主体性的受尊重程度、人民需求的满足程度和社会公平正义的实现程度。⑥ 因此，"居住空间正义"绝大多数情况下指向的是"住房正义"。

就内涵而言，居住空间正义关涉的不仅是居住空间资源的分配，更重要

---

① 秦红岭：《建筑伦理学》，中国建筑工业出版社 2018 年版，第 28 页。

② ［美］罗纳德・德沃金：《至上的美德：平等的理论与实践》，冯克利译，江苏人民出版社 2003 年版，第 4 页。

③ ［美］苏珊・S・费恩斯坦：《正义城市》，武烜译，社会科学文献出版社 2016 年版，第 56—84 页。

④ 当前中国财产不平等程度已经很高［EB/OL］. 光明网，http://share.gmw.cn/theory/2014-08/01/content_12297436.htm，2014-08-01。

⑤ 李斌、王凯：《中国社会分层研究的新视角——城市住房权利的转移》，《探索与争鸣》2010 年第 4 期。

⑥ 吴海瑾：《中国新时代住房正义的内涵及制度优越性》，《学海》2020 年第 4 期。

的是人的居住空间生存方式的优化。作为居住空间生产和居住空间资源配置的价值规范，一方面，居住空间正义要求对公民居住空间权益的保障应平等地覆盖社会空间中不同经济状况、种族、性别、区域和年龄的公众，强调在居住空间生产关系中，关注主体（尤其是弱势群体）的自由选择、机会均等和全面发展，以及主体“栖居”在自然环境中的可持续发展问题，强调居住空间制度、政策安排对主体存在的意义，使得居住空间生产活动充满着对主体的终极关怀，它与居住空间占有的两极分化、对一部分人居住空间权益的剥夺、社会排斥与居住空间隔离相悖；另一方面，居住空间正义应能够包容“差异”，这种差异旨在向社会空间中的“他者”开放，关注各种抵抗居住空间、边缘居住空间的生产和日趋多元化的身份政治，居住空间正义就是要在普遍性与差异性之间谋求一种动态的平衡。① 具体而言，居住空间正义至少应当包括以下几个方面的内涵：

第一，保障“应得”。居住空间正义要求对公民居住空间权益的保障应平等地覆盖社会空间中不同经济状况、种族、性别、区域和年龄的公众，保障公民居住空间的“应得”，满足公民自身生存最低的居住空间需要，强化对弱势群体居住空间权益的保护。从主体权利角度而言，作为社会成员个体有获取基本住房需求的权利和选择的自由，国家应给予每一位社会成员居住的权利保证。

第二，尊重“差异”。居住空间正义应包容“差异”，充分考虑并允许因个体能力差异及居民自由选择权利而导致的居住空间差异。居住空间正义与居住空间占有的两极分化以及对一部分人居住空间权益的剥夺、排斥、隔离是完全相悖的，社会上容许富人住豪宅的必要条件是社会底层的人能够在居住上获得改善。居住空间正义就是要在普遍性与差异性之间谋求一种动态的平衡。

第三，居住环境的生态正义。以人的全面发展终极价值判断为导向，居住空间正义强调在居住环境上充分实现人与自然之间的协调发展，重视生态文明在居住空间发展中的作用；强调在居住空间生产关系中充分实现人与社会、人与人之间的和谐发展。关注主体（尤其是弱势群体）的自

---

① 李春敏：《马克思的社会空间理论研究》，上海人民出版社 2012 年版，第 296—297 页。

由选择、机会均等和全面发展，以及主体“栖居”在自然环境中的可持续发展问题。

城市化是较为典型的空间生产现象。在城市化进程中的居住空间生产，如果以社会公共利益的名义，剥夺牺牲一部分人的居住空间利益和权利，不能实现每个人得其应得的东西，视为不正义，必须加以改变。符合居住空间正义原则的城市化，应确保每个社会成员公平地获得居住空间资源、平等地享有居住空间的权利。同时承认差别，即它在使人得其应得的东西的同时，也使人不得其不应得的东西。对个人居住权利的尊重和维护，是实现居住空间正义的前提。从动态的角度看，居住空间正义不是一个居住空间的终结状态，而是一个不断修正的居住空间发展实施方式，而这个方式是通过各类居住空间政策和居住空间方案来实现的，居住空间正义的构建是一个长期而复杂的系统工程。

二、城市居住空间正义是中国特色社会主义的内在要求

改革开放以来，随着中国特色社会主义实践的推进，人们不断加深对社会主义本质的认识。中国特色社会主义的本质特征是党的领导，中国特色社会主义的本质属性是社会和谐，中国特色社会主义的根本原则是共同富裕，中国特色社会主义的内在要求是公平正义。党的领导、社会和谐、共同富裕、公平正义既是中国特色社会主义的内在要求，也是我们社会主义建设的目标，是摆在我们面前的重大任务和现实课题，是贯穿中国特色社会主义事业全过程的长期历史任务。城市居住空间正义是中国共产党领导的重要目标，是和谐社会的重要特征，是共同富裕的重要体现，是公平正义的重要内容。当前，我国处在改革“深水区”和矛盾凸显期，国内经济体制深刻变革，社会结构深刻变动，利益格局深刻调整，思想观念深刻变化，深层次矛盾逐步显现，影响经济、社会发展的矛盾明显增多，发展的机遇和挑战并存，对我们加快实现城市居住空间正义提出了迫切要求。

（一）城市居住空间正义是中国共产党领导的重要目标

中国共产党的领导是中国特色社会主义最本质的特征。党的二十大报告指出：“我们全面加强党的领导，明确中国特色社会主义最本质的特征是

中国共产党领导，中国特色社会主义制度的最大优势是中国共产党领导，中国共产党是最高政治领导力量”①。“历史已经并将继续证明，没有中国共产党的领导，民族复兴必然是空想。”②实现城市居住空间正义是中国共产党执政兴国矢志不渝的追求目标。中国共产党人的初心和使命，就是为中国人民谋幸福，为中华民族谋复兴。中国共产党的领导，就是为了支持和保证人民实现当家作主，保证人民过上幸福美好的生活。城市居住空间正义是实现人民美好生活的必要条件，俗话说“安居乐业”，安居是美好生活的内在要求。只有有了稳定而舒适的住所，人们才能从事物质生产，进行经济、政治、文化各项活动，实现社会的稳定发展。进入中国特色社会主义新时代，我国社会生产力水平总体上显著提高，社会生产能力在很多方面进入世界前列。但是，发展不平衡不充分问题日益突出，已经成为满足人民日益增长的美好生活需要的主要制约因素。其中，包括城市居住空间生产以及居住空间资源配置中出现的不平衡不充分问题，解决这一问题需要在中国共产党的领导下，坚持以人民为中心，保持政府在城市建设中正确的职能定位，完善相关法律、法规，规范开发商的市场行为，通过行政、经济、法律等手段引导不同类型的居住空间布局，建立社会不同阶层居民间的和谐居住关系。不断改善人们的居住条件，满足人们的居住需求，实现社会稳定与和谐发展。

（二）城市居住空间正义是和谐社会的重要特征

社会和谐是中国特色社会主义的本质属性。建成富强民主文明和谐美丽的社会主义现代化强国的一个重要特征，就是要在经济持续发展的基础上，不断提高人民的生活水平，满足人民对美好生活的居住空间需求。实现居住空间正义才能实现人民对美好生活的向往。居住空间是最基本的生存资料、享受资料和发展资料，安居是满足人们生存需要、享受需要和发展需要的前提条件。特别是在当前实现中华民族伟大复兴的关键时期，世界百年未有之大变局加速演进，改善居住条件、提高居住质量，已成为保持改革

① 习近平：《高举中国特色社会主义伟大旗帜为全面建设社会主义现代化国家而团结奋斗——在中国共产党第二十次全国代表大会上的报告》，人民出版社 2022 年版，第 6 页。

② 习近平：《决胜全面建成小康社会夺取新时代中国特色社会主义伟大胜利——在中国共产党第十九次全国代表大会上的报告》，人民出版社 2017 年版，第 16 页。

发展稳定的重要任务之一。同时,居住问题也涉及人们的社会权利,即生存权中人人享有的居住权利。1981 年 4 月在伦敦召开的"城市住宅问题国际研讨会"上通过的《住宅人权宣言》指出,一个环境良好,适宜于人们的住所是所有居民的基本人权。"居者有其屋",改善居住条件,提高居住质量,被历届人居会议列为中心议题。提供舒适的、环境良好的住房,充分发挥住宅的安居功能,是和谐社会的必然要求。①

(三) 城市居住空间正义是共同富裕的重要体现

共同富裕是中国特色社会主义的本质要求,它强调所有社会成员享受社会物质财富的平等性,不允许牺牲一部分人的富裕幸福来换取另外一部分人的富裕幸福。邓小平同志说:"社会主义最大的优越性就是共同富裕,这是体现社会主义本质的一个东西"。② 习近平总书记在党的二十大报告中指出:"共同富裕是中国特色社会主义的本质要求,也是一个长期的历史过程。我们坚持把实现人民对美好生活的向往作为现代化建设的出发点和落脚点,着力维护和促进社会公平正义,着力促进全体人民共同富裕,坚决防止两极分化。"③从居住空间视角来说,坚持共同富裕就是要坚持居住空间正义原则,就是要保护公民平等合法地占有居住空间资源和享有居住空间产品的权利,就是要在居住空间生产关系和社会利益结构方面体现公平正义的基本原则,尤其是在居住空间利益分配方式上要处理好效率与公平的关系,合理解决好其中的矛盾。中国特色社会主义把发展居住空间生产力,消除居住空间贫困、居住空间隔离与居住空间异化,最终实现全体人民的共同富裕作为制度目标而追求,反对一切建立在剥夺一部分群体居住空间权利基础上的不合理的居住空间分配方式,反对居住空间方面贫富差距的进一步拉大,强调公民居住空间权利的切实保障和居住空间权益的切实维护,让广大人民群众共享居住空间发展成果,逐步实现居住空间正义。

---

① 陈伯庚:《居住公平与构建和谐社会探析》,上海市经济学会 2005 年年会论文集。

② 《邓小平文选》(第三卷),人民出版社 1993 年版,第 364 页。

③ 习近平:《高举中国特色社会主义伟大旗帜为全面建设社会主义现代化国家而团结奋斗——在中国共产党第二十次全国代表大会上的报告》,人民出版社 2022 年版,第 22 页。

（四）城市居住空间正义是公平正义的重要内容

公平正义是建设中国特色社会主义的内在要求。中国特色社会主义把促进社会公平正义作为核心价值追求。社会主义社会本质上是一个公平正义的社会，中国特色社会主义建设与发展的关键目标在于实现公平正义，满足群众对公平正义的需求。城市居住空间正义是社会主义社会公平正义的重要内容之一。从社会结构的角度来看，社会资源在各群体之间分配的核心问题是公平正义，而居住空间资源的分配和消费正义也是其中的重要内容。居住空间资源消费的核心是住房消费，住房消费具有商品性和社会保障性两重属性，住房是最基本的生存资料，是人们的栖息场所，关系到居民的基本生存需要和整个社会的安定。由于住房是价值量较大的超耐用消费品，购买或租赁都要花费较大的代价，低收入群体无力按市场价格购买或租赁住房，必然会出现一部分住房困难户，甚至“无家可归者”。因此，世界各国政府为实现“居者有其屋”，保持社会稳定的目标，都制定了配置住房资源必不可少的补充。在住房资源的分配和消费中同样存在着公平、公正问题。人们的收入水平客观上存在着高低之分，反映到住房问题上，也必然存在着居住水平和居住质量方面的差异，在市场经济条件下，保持一定的差距对提高资源配置效率是有利的，但必须界定在一个合理的区间内，实现利益共享，各得其所，维系社会的稳定。所以，住房资源分配和消费的公平正义是社会公平正义的重要内容之一。①

（五）城市居住空间正义：社会主义与资本主义

列斐伏尔认为，任何一个社会、任何一种生产方式，都会生产出自身的空间，不同的社会制造出有所差别的时间和空间概念，空间也因此被打上了意识形态的烙印，这就产生了所谓的社会主义语境下的居住空间正义与资本主义语境下的居住空间正义的区分。不可否认社会主义居住空间正义与西方新马克思主义学者研究的资本主义居住空间正义有相通之处。两者虽然置身于不同的空间语境、不同的空间立场和视域，但都是对居住空间资本的逻辑批判，即对当代资本操纵居住空间生产的批判性反思，都是对同一个

①　陈伯庚：《居住公平与构建和谐社会探析》，上海市经济学会2005年年会论文集。

资本全球化体系的批判性解读。在根本意义上，两者都主张居住空间生产不应该服从于资本增殖的逻辑，而应尽力满足人民大众的日常生活需要。因此，具有互相借鉴、参照的实践价值。但是，两者的差别也很明显，具体体现在以下方面：

第一，实践基础不同。社会主义国家与发达资本主义国家无论在经济制度还是政治制度，抑或是文化形态方面都存在重大区别，这就决定了社会主义居住空间正义与资本主义居住空间正义的实践基础不同。资本主义居住空间正义研究范式是基于西方发达资本主义语境下的资本主义私人占有制。在资本主义社会，空间成为资本循环和资本主义生产关系得以维持的重要工具，是资本家谋取利益，榨取劳动人民剩余价值的重要途径和来源，资本主义制度下居住空间生产的主要矛盾在于资本追求空间的剩余价值和民众追求空间的使用价值之间的矛盾。这种矛盾的外在表征就是政治斗争。代表统治阶级利益的资产阶级政府干预的主要目的在于缓和阶级矛盾、防止社会动荡，即为了平衡劳资之间的矛盾，最终目的还是为了保证资本运营和居住空间生产的顺利进行，让资本家们获取更多的利润。而社会主义制度下的城市居住空间生产基于土地的社会主义公有制这一底线，即土地全民所有制和劳动群众集体所有制（社会主义土地公有制有国家所有制和集体所有制两种具体形式，城市市区的土地属于国家所有）其本质上还是社会主义城市居住空间生产活动，强调对强者的制约和对弱者的扶持，国家宏观调控通过经适房、廉租房等保障性住房的空间生产建设逐步改善居民的生活环境，并推行适当的规划政策来抑制社会阶层的空间隔离以维护居住空间正义。社会主义本质是共同富裕，决定了政府干预居住空间生产的最终目的是尽最大努力保障社会底层群体的空间权益，而不是服务于私人资本，这既是与资本主义居住空间生产最大的不同，也是充分体现社会主义优越性的重要方面。

第二，实践目标差异。共同富裕是中国特色社会主义的本质要求，是人民群众的共同期盼，社会主义本质是共同富裕，社会主义城市居住空间正义实践目标是消灭居住空间非正义，实现共同富裕，让全体人民共享居住空间生产发展的成果，这是建立在社会主义基本经济制度和基本分配制度基础上的。中国特色社会主义实行坚持和完善公有制为主体、多种所有制经济共同发展的基本经济制度。以公有制为主体，这是中国特色社会主义优越于资本主义的最基本的经济制度保证，是我国各族人民共享发展成果的制度性保障，是中国特色社会主义发展生产力，使人们过上富裕生活的根本保障。从基本分配制度看，中国特色社会主义坚持按劳分配为主体、多种分配方式并存。社会根据每一个劳动者的劳动数量和质量进行收入分配，体现公平公正。资本主义城市居住空间正义建立在资本主义制度基础之上，资本主义经济在总体上由占统治地位的大资产阶级所有。人们在生产资料的占有关系上并不是平等的，也不可能实行按劳分配，人剥削人的现象大量存在。所以，资本主义居住空间正义的结果只能是维护资产阶级的居住空间权益，体现资本家集团利益的居住空间正义，这是由国家的阶级性所决定的。

第三，实践路径迥异。社会主义居住空间正义与资本主义居住空间正义实践路径的致思路向处于不同的思想界面。对于西方新马克思主义学者而言，批判反思居住空间非正义问题不仅关系到自由的实现问题，更有着明确的实践和政治目标，那就是通过反对并且推翻资本主义制度，实现人的彻底解放和自由。而当代中国居住空间正义的实现并不关系到制度性对抗问题，也就是说，实现社会主义居住空间正义的根本路径是在坚持和发展中国特色社会主义制度的基础上，通过改革消除现实社会建设进程中导致居住空间非正义的因素，通过大力发展居住空间生产力，来满足人们对于居住空间的美好生活需要。因此，在借鉴西方居住空间正义范式时，我们必须警惕其负面影响，注重扬弃和创新。

三、中国特色社会主义城市居住空间正义的内涵

对于什么是中国特色？邓小平曾作过精辟论述：“我们的现代化建设，必须从中国的实际出发”，“中国的事情要按照中国的情况来办，要依靠中国人自己的力量来办”，“过去搞民主革命，要适合中国情况，走毛泽东同志开辟的农村包围城市的道路。现在搞建设，也要适合中国情况，走出一条中国式的现代化道路”。[①] 邓小平提出的中国特色，就是指中国的国情。掌握了

① 《邓小平文选》(第三卷)，人民出版社 1994 年第 2 版，第 163 页。

中国国情,就是掌握了中国特色。

马克思指出:“在历史上出现的一切社会关系和国家关系,一切宗教制度和法律制度,一切理论观点,只有理解了每一个与之相应的时代的物质生活条件,并且从这些物质条件中被引申出来的时候,才能理解。”[①]正义观念也不例外,正义的理想是具体的和历史的。一个社会发展什么样的正义观念,选择什么样的正义原则以及设计什么样的正义制度都离不开这个社会的现实状况。因此,我们不能脱离一定的社会历史条件,特别是社会经济条件,抽象地谈论居住空间正义。当代中国的居住空间正义的追求和相应的制度与政策的构建应该根植于中国社会实践的基础之上。当前我国实行社会主义市场经济,社会生产力虽然有了很大的发展,但是经济社会发展不平衡、不充分的矛盾突出,依然处于并长期处于社会主义初级阶段。我们对居住空间正义理想的追求也应该根植于“社会主义市场经济”和“发展不平衡、不充分”这个历史现实基础之上。[②] 必须解决好人民日益增长的美好生活需要和不平衡不充分的发展之间的矛盾。

由上,我们可以得出结论,中国特色社会主义城市居住空间正义是指在中国共产党的领导下,立足中国基本国情的社会主义城市居住空间正义。其基准是对城市强势群体的制约和弱势群体的扶持;其实质是发展与共享;其目标是实现每个人自由全面的发展,实现主体的美好生活,实现全体人民的共同富裕。中国特色社会主义城市居住空间正义与资本主义城市居住空间正义两者存在着本质的区别:资本主义城市居住空间正义是建立在私有制基础之上的,是为资产阶级利益服务的,是少数人享有的居住空间正义,它的实质是维护资产阶级的统治,是资产阶级利益和意志的表现;而中国特色社会主义城市居住空间正义是建立在社会主义以公有制为主体基础之上,并为其服务的,它是绝大多数人享有的居住空间正义,是工人阶级和广大人民群众利益和意志的表现。我们必须划清这一界限,结合中国实际发展中国特色社会主义城市居住空间正义。

对中国特色社会主义城市居住空间正义内涵的正确把握,需要厘清以

① 《马克思恩格斯全集》(第13卷),人民出版社2002年版,第8页。

② 吴海瑾:《中国新时代住房正义的内涵及制度优越性》,《学海》2020年第4期。

下三点：

第一，基于中国国情对居住空间资本化的合理性与适度性的考量。居住空间生产实践不仅是人类主体获得生存资料的基本方式，也是人类生产力发展水平的重要体现。基于目前我国的基本国情，在居住空间产品还不够丰富、居住空间生产能力还不够发达的情况下，居住空间资本化是一个不可逾越的必经阶段。但是，居住空间资本化也应适度，尤其要防止居住空间的过度资本化。何谓"过度"？居住空间资本化的底线是什么？这个底线应该是公民的基本居住空间权利，保障公民的基本居住空间权利是实现居住空间正义的关键。何谓"居住空间权利"？它是指公民对居住空间产品（如房屋）以及其它居住空间资源的生产、占有、利用、交换、消费的权利。居住空间权利中的"空间"既包括显性层面的"物理—地理空间"，也应该涵盖隐性层面的"文化—心理空间"。保障公民享有基本居住空间权利的前提条件是每个人都有适当的住房，而不是仅仅让有产者、高收入阶层有房住，更为重要的是要使城市中的弱势群体有房住，尽管在所有权上做不到"人人有其屋"，但最起码要做到"人人有房住"。① 人人有房住，这是居住空间正义的底线公平。如果居住空间资本化侵犯到公民的私人空间，使上述基本权利无法实现，并造成相关社会群体的权利剥夺时，这种居住空间资本化就有"过度"之嫌，就需要公权力对其进行有效干预并矫正。②

第二，基于中国特色社会主义制度对弱势群体居住空间权益的充分保障。中国特色社会主义制度的根本特色是人民性，坚持以人民为中心是中国共产党人不忘初心、牢记使命的鲜明表现，是新时代坚持和发展中国特色社会主义的基本方略，是解决新时代人民日益增长的美好生活需要和不平衡不充分发展之间矛盾的应有之义。党的二十大报告指出："坚持以人民为中心的发展思想。维护人民根本利益，增进民生福祉，不断实现发展为了人民、发展依靠人民、发展成果由人民共享，让现代化建设成果更多更公平惠及全体人民。"③从"居住空间"的维度而言，中国特色社会主义制度的人民

---

① 王文东：《恩格斯的居住正义思想及其启示》，《哲学动态》2010年第5期。

② 李春敏：《马克思的社会空间理论研究》，上海人民出版社2012年版，第295页。

③ 习近平：《高举中国特色社会主义伟大旗帜为全面建设社会主义现代化国家而团结奋斗——在中国共产党第二十次全国代表大会上的报告》，人民出版社2022年版，第27页。

性特色，就是强调通过宪法和法律保护公民的居住空间权益，实现公民居住空间权利，最为重要的是充分保障弱势群体的居住空间权益。充分保障作为生产和生活的重要资源的“居住空间”无论是经由政府宏观调控还是经由房地产市场开发，都必须兼顾弱势群体的利益，确保其不遭受居住空间剥夺和排斥等非正义的待遇，尽可能规避居住空间隔离现象的出现。中国特色社会主义居住空间正义其实就是在探讨如何尽可能规避居住空间生产和再生产以及居住空间资源配置过程中所产生的不公正，确保每一个社会成员，尤其是社会弱势群体能够获得公正的待遇，同时能够分享城市发展的成果，这样一个有关伦理和实践双重意义的问题。①

第三，基于新时代中国特色社会主义的价值目标对居住空间生态正义的积极追求。新时代中国特色社会主义的价值目标是人民美好生活。生态正义包括良好的居住生态环境是人民美好生活的必要条件，是最普惠的民生福祉，成为人民美好生活的增长点。因此，中国特色社会主义城市居住空间正义要求既关注社会空间，也关注自然空间。“空间正义要求我们既要从社会空间的角度去关注处在当代空间发展格局中的群体和集团之间的发展的愿望和相应行为模式之间的公平关系问题，也要从自然空间的角度去关注世界生态系统的平衡和资源利用问题。”②落实到住宅建设和规划中就要充分考虑住宅的宜居性、生态性、和谐性。建造“宜居住宅”“生态住宅”“绿色住宅”“和谐住宅”，创造性地利用景观，使城市环境变得自然而适于居住，不同社会阶层的人和谐融洽的生活在同一区域，使居住与自然环境、社会环境相协调。

四、中国特色社会主义城市居住空间正义的实质

中国特色社会主义城市居住空间正义的实质是发展与共享。

发展才能实现中华民族的伟大复兴，发展是解决我国所有问题的关键。党的二十大报告指出：“坚持以人民为中心的发展思想。维护人民根本利益，增进民生福祉，不断实现发展为了人民、发展依靠人民、发展成果由人民

---

① 王志刚：《社会主义空间正义论》，东南大学博士学位论文 2011 年。

② 冯鹏志：《时间正义与空间正义》，《自然辩证法研究》2004 年第 1 期。

共享，让现代化建设成果更多更公平惠及全体人民。”[1]中国特色社会主义城市居住空间资本化是现代化的必由之路。对于当代中国而言，居住空间资本化是中国居住空间生产力提升的重要动力，在居住空间产品还不够丰富、居住空间产品的生产能力还不发达的情况下，居住空间资本化是一个不可逾越的必经阶段，在这个意义上，我们可以将中国当前居住空间生产的许多问题归为“发展中的问题”。[2] 推进城镇化建设，大力发展城市居住空间生产力是解决城市居住贫困问题的重要途径，对加快推进中国式现代化具有重大现实意义和深远历史意义。中国特色社会主义城市居住空间的发展是以人民为中心的发展，满足人民日益增长的居住空间生活需要，促进人的全面发展。如果发展不能回应人民的期待，不能让群众得到实际利益，这样的发展就失去意义，也不可能持续。因此，要在推动经济持续健康发展的基础上，通过各种制度及政策的安排保障人民群众的居住空间权益，保障劳动者参与发展、分享发展成果，促进城市居住空间公平正义。

“共享”回答了发展为了谁的问题。习近平总书记指出：“全党必须牢记，为什么人的问题，是检验一个政党、一个政权性质的试金石。”“实现共同富裕不仅是经济问题，而且是关系党的执政基础的重大政治问题。我们决不能允许贫富差距越来越大、穷者愈穷富者愈富，决不能在富的人和穷的人之间出现一道不可逾越的鸿沟。……要自觉主动解决地区差距、城乡差距、收入差距等问题，推动社会全面进步和人的全面发展，促进社会公平正义，让发展成果更多更公平惠及全体人民，不断增强人民群众获得感、幸福感、安全感，让人民群众真真切切感受到共同富裕不仅仅是一个口号，而是看得见、摸得着、真实可感的事实。”[3]创造当代中国“居住空间生产力”的主体力量是最广大的普通民众，他们应当从居住空间发展中获得实惠。中国特色社会主义城市居住空间正义包含着共享理念，即通过城市居住空间产品以及居住空间资源配置确保“人人居其屋”，进而使得人民安居乐业、社会安定有序，实现改革开放的成果人民共享，不断提升人民群众的获得感、幸福感、

① 习近平：《决胜全面建成小康社会夺取新时代中国特色社会主义伟大胜利——在中国共产党第十九次全国代表大会上的报告》，人民出版社 2017 年版，第 21 页。

② 李春敏：《马克思的社会空间理论研究》，上海人民出版社 2012 年版，第 294—295 页。

③ 习近平：《习近平谈治国理政》（第四卷），人民出版社 2022 年版，第 184 页。

安全感。就目前中国社会现实而言，解决城市弱势群体的居住困难是最重要的居住空间正义课题。要想实现居住空间正义，就必须最大程度地改善城市底层群体的居住空间状况，从而使得城市化的增益惠及所有人，特别是城市底层群体能够公平地享有城市化的权利。

第二节　中国特色社会主义城市居住空间正义的理论渊源

中国特色社会主义城市居住空间正义的理论渊源，一方面来自马克思恩格斯的居住空间正义思想以及对新马克思主义城市学派的居住空间正义思想的借鉴，另一方面来自中国优秀传统文化中的居住空间正义思想。“他山之石，可以攻玉”，人类城市化的发展既有共同规律，也有基于不同文化背景下的特殊道路和独有经验。西格蒙德·弗洛伊德说：“当一个人已在一种独特的文明里生活了很长时间，并经常试图找到这种文明的源头及其所由发展的道路的时候，他有时也禁不住朝另一个方向侧瞥上一眼，询问一下该文明未来的命运以及它注定要经历什么样的变迁。”[①]要想使中国的城市化符合空间正义的价值取向，不仅要从本国传统文化中汲取智慧与营养，也要借鉴西方发达国家城市化发展的有益经验。

一、马克思恩格斯的居住空间正义思想

城市居住空间是马克思、恩格斯管窥资本主义城市空间的重要视角，在资本主义条件下，资本关系是城市居住空间变迁的主导力量，城市居住空间资本化成为资本主义条件下居住空间生产的重要特点之一，它导致了城市居住空间分异，加剧了资产阶级与无产阶级的矛盾与斗争。马克思、恩格斯关于城市居住空间正义的探讨主要集中在《资本论》《英国工人阶级状况》和《论住宅问题》等著作中，马克思、恩格斯不仅立场鲜明地揭示了资本主义城市居住空间非正义的现状，更对其背后的制度根源进行了鞭辟入里的解读

① 西格蒙德·弗洛伊德：《论文明》，徐洋、何桂全等译，国际文化出版社2001年版，第1页。

与批判,以此折射出资本主义生产方式固有的剥削性与内在矛盾性,并对未来理想社会的居住空间正义进行了科学建构。

（一）资本主义城市居住空间非正义现象

第一,居住空间短缺。马克思、恩格斯立足政治经济学分析资本主义居住空间非正义现象,认为资本主义大工业生产造成了工人住房短缺,而工业生产方式本身就需要住房短缺。恩格斯指出:"一个古老的文明国家这样从工场手工业和小生产向大工业过渡,并且这个过渡还由于情况极其顺利而加速的时期,多半也就是'住宅短缺'的时期。一方面,大批农村工人突然被吸引到发展为工业中心的大城市里来;另一方面,这些旧城市的布局已经不适合新的大工业的条件和与此相应的交通;街道在加宽,新的街道在开辟,铁路穿过市里。正当工人成群涌入城市的时候,工人住宅却在大批拆除。于是就突然出现了工人以及以工人为主顾的小商人和小手工业者的住宅短缺。在开初就作为工业中心而产生的城市中,这种住宅短缺几乎不存在。例如曼彻斯特、利兹、布拉德福德、巴门、埃尔伯费尔德就是这样。相反,在伦敦、巴黎、柏林和维也纳这些地方,住宅短缺曾经具有急性发作的形式,而且大部分像慢性病那样继续存在着。"①在这里,恩格斯区分了两种性质不同的住房短缺现象:一种是一般的住房短缺,即一切时代的一切被压迫阶级住房总是短缺的;另一种就是因大批农村工人突然被吸收到作为工业中心的城市里而造成的住房短缺现象。因为,工业的剧烈周期波动决定了大量失业工人后备军的存在,客观上不时地造成大批失业工人并把他们抛上街头。在这样一种境况下,工人大批涌进城市,而且涌入的速度比现有条件下为他们建造住房的速度更快,所以"最污秽的猪圈也能找到租赁者"②。"伦敦有5万人每天早晨醒来不知道下一夜将在什么地方度过。"③在马克思、恩格斯看来,在资本主义社会中,住房短缺并不是偶然的事情,而是一种必然的现象,它服从并服务于资本榨取剩余价值的需要。

① 《马克思恩格斯选集》(第3卷),人民出版社1995年版,第131—132页。

② 《马克思恩格斯选集》(第3卷),人民出版社1995年版,第167页。

③ 恩格斯:《英国工人阶级的状况》,《马克思恩格斯全集》(第2卷),人民出版社1972年版,第311页。

第二，居住空间隔离。资本的逻辑在直接决定住房短缺的同时，还创造了一个等级化的城市居住空间。在《英国工人阶级状况》中，恩格斯以当时英国工业中心的曼彻斯特为例，说明了这种等级化空间秩序的存在。整个曼彻斯特可以分为三个区域：商业区、工人区和资产阶级居住区，工人阶级被有系统地排斥在城市的大街以外。他们“占据了曼彻斯特的大部分区域，环绕在商业区的外围，而资产阶级居住区则位于地理位置优越、生态环境适应、交通便利的城市外围的房屋或别墅里”①。高等资产阶级华丽舒适的别墅、中等资产阶级的整齐街道和工人肮脏的住区空间形成了明显的居住等级体系。要说明的是，这种极其严格的居住隔离现象并不是自然形成的，无产阶级由于微薄的收入和工作的需要，往往住在离工厂较近的地方，以便于给资本家节省用于创造剩余价值的劳动时间。“一个工业城市或商业城市的资本积累得越快，可供剥削的人身材料的流入也就越快，为工人安排的临时住所也就越坏。”②“在铁道高架桥下，行人每天来来往往就踏在这些住房之上。但决不会想到在他们脚下深深的洞穴中还住着人这种生物。”③在资本主义社会相当数量的无产者居住在楼道、马廊、地下室、桥洞……恩格斯通过实地调查，发现“每一个大城市都有一个或几个挤满了工人阶级的贫民窟。的确，穷人常常住在紧靠着富人府邸的狭窄小胡同里。可是通常总给他们划定一块完全孤立的地区，他们必须在比较幸福的阶级所看不到的这个地方尽力挣扎着活下去。英国一切城市中的这些贫民窟大体上都是一样的；这是城市中最糟糕的地区的最糟糕的房屋，最常见的是一排排的两层或一层的砖房，几乎总是排列得乱七八糟，有许多还有住人的地下室。这些房屋每所仅有三四个房间和一个厨房，叫做小宅子，在全英国（除了伦敦的某些地区），这是普通的个人住宅。这里的街道通常是没有铺砌过的，肮脏的、坑坑洼洼的，到处是垃圾，没有排水沟，也没有污水沟，有的只是臭气熏天的死水洼。城市中这些地区的不合理的杂乱无章的建筑形式妨碍了空气的流通，由于很多人住在这一个不大的空间里，所以这些工人区的空气如何，是

① 恩格斯：《英国工人阶级的状况》，《马克思恩格斯全集》（第 2 卷），人民出版社 1972 年版，第 326—327 页。

② 《马克思恩格斯文集》（第 5 卷），人民出版社 2009 年版，第 762 页。

③ 《马克思恩格斯选集》（第 3 卷），人民出版社 1995 年版，第 195 页。

容易想像的。此外，在天气好的时候街道还用来晒衣服：从一幢房子到另一幢房子，横过街心，拉上绳子，挂满了湿漉漉的破衣服”。[①] 居住空间突显了身份与尊严的不平等。住在贫民窟的工人被看成一群肮脏和贫穷而道德堕落的人、“下层阶级的人”“非人的人”，是没有尊严的人，而住豪华社区的人则是被看成“高贵的人”“上流社会的人”“体面而有尊严的人”。马克思、恩格斯从无产阶级与资产阶级、穷人和富人的二元对立结构出发描绘了资本主义工业城市中的居住空间隔离现象。“纯粹的工人区，像一条平均一英里半宽的带子把商业区围绕起来。在这个带形地区外面，住着高等的和中等的资产阶级。中等的资产阶级住在离工人区不远的整齐的街道上……高等的资产阶级住在郊外房屋或别墅里，或者住在空气流通的高地上，——在新鲜的对健康有益的乡村空气里，在华丽舒适的住宅里。”[②]居住空间的隔离是一种主客二元逻辑，“这些贫穷到极点的人们的藏身之处是常常可以在富人们的华丽大厦紧邻的地方找到的”，[③]“由于无意识的默契，也由于完全明确的有意识的打算，工人区和资产阶级所占的区域是极严格地分开的”。[④] 居住空间隔离成了一种二元化的身份对比、权力象征、社会地位的标志和一种可以识别的符号。[⑤]

第三，居住空间异化。在资本主义社会，由于工业革命的开展，有产者对无产阶级的剥削在不断地加剧，居住空间发生了深刻的异化。居住异化是一种极端的居住现象，是居住主体失去主体属性的客观表现，更是居住客体即居住空间失去客体属性拥有了主体的能动性。在马克思、恩格斯看来，居住异化包含两个方面的内容：其一，居住主体的异化即居住主体属性的丧失，沦落为客体被动的状况。恩格斯指出：“伦敦人为了创造充满他们的城市的一切文明奇迹，不得不牺牲他们的人类本性的优良品质”[⑥]，“在这种

---

① 恩格斯：《英国工人阶级状况》，《马克思恩格斯全集》（第 2 卷），人民出版社 1972 年版，第 306—307 页。

② 恩格斯：《英国工人阶级的状况》，《马克思恩格斯全集》（第 2 卷），人民出版社 1972 年版，第 327 页。

③ 恩格斯：《英国工人阶级的状况》，《马克思恩格斯全集》（第 2 卷），人民出版社 1972 年版，第 308 页。

④ 恩格斯：《英国工人阶级状况》，《马克思恩格斯全集》（第 2 卷），人民出版社 1972 年版，第 308 页。

⑤ 王文东：《恩格斯的居住正义思想及其启示》，《哲学动态》2010 年第 5 期。

⑥ 恩格斯：《英国工人阶级现状》，《马克思恩格斯全集》（第 2 卷），人民出版社 1972 年版，第 303 页。

街头的拥挤中已经包含着某种丑恶的违反人性的东西"①。由于居住主体的异化,带来了人与人之间的冷漠及孤僻。"所有这些人愈是聚集在一个小小空间里,每一个人在追逐私人利益时的这种可怕的冷淡、这种不近人情的孤僻就愈是使人难堪……每一个人的这种孤僻、这种目光短浅的利己主义是我们现代社会的基本的和普遍的原则……人类分散成各个分子,每一个分子都有自己的特殊生活原则,都有自己的特殊目的,这种一盘散沙的世界在这里是发展到顶点了。"②在这种现代化的资本空间的逻辑中,居住空间的畸形导致人的个性严重扭曲,人的能力、健康受到压抑和宰制,人成为"单向度的人"。资产阶级为了利润,丧失了所有人性的东西,为了实现利润最大化,千方百计地剥削着无产阶级。其二,居住客体的异化。居住客体即居住空间实现了由被动向主动的转变,居住客体拥有了主体的属性。比如:居住空间成为社会阶层的象征,代表着身份与地位;居住空间异化为资产阶级赚取利润的工具;居住空间沦为资产阶级实施剥削的工具及帮凶,统治着无产阶级。恩格斯既看到了居住背后的资本主义空间的异化、冲突和对抗性的社会关系,也描绘出了城市居住空间的非正义及其空间结构合理性的缺失导致作为主体的人的异化。③

(二)资本主义城市居住空间非正义的原因

第一,资本主义居住空间资本化的生产方式是导致城市居住空间非正义的重要原因。马克思、恩格斯认为,资产阶级以居住空间的资本化生产为手段,实现了对社会底层群体住房的原始剥夺。马克思在《资本论》中指出,随着资本财富的增长积累,资本家通过这样的方式对城市实行"改良":将土地上旧有的建筑房屋进行拆除,建造以银行、百货商店等高楼大厦,并通过加宽街道、修建铁轨马路等方式来促进富人阶层的交易往来;这种"改良"明目张胆地把贫民从这些地段驱逐出去,并将其赶到越来越坏、越来越挤的角落里去。④ 为了实现资本增值,土地开始参与到资本积累的过程当中,城

① 恩格斯:《英国工人阶级现状》,《马克思恩格斯全集》(第2卷),人民出版社1972年版,第304页。
② 恩格斯:《英国工人阶级现状》,《马克思恩格斯全集》(第2卷),人民出版社1972年版,第304页。
③ 刘刚:《马克思恩格斯居住正义思想研究》,福建师范大学2012年硕士论文。
④ 《马克思恩格斯文集》(第5卷),人民出版社2009年版,第757—758页。

市居住空间呈现出过度资本化趋势。在资本积累的影响下，城市土地不只是一种当地居民谋求生产和生活的一种现实手段，而变成了一种可以获取高额级差地租的商业投资。马克思、恩格斯说："在迅速发展的城市内，特别是在像伦敦那样按工厂大规模生产方式从事建筑的地方，建筑投机的真正主要对象是地租，而不是房屋。"①在资本逻辑的主导下，居住空间和其他商品一样，逐渐具有了同质化与商品化的属性，成为可以彼此交换的量化等价物，而资本则是该过程的价值标尺和流通手段。"空间生产使居住空间由生活的'场所'变成了'商品'，也使自然空间变成了资本增值的载体与商品。在这里，资本通过特有的游戏规则成为最能动、最革命的力量，并凭借这种力量实现地理空间和社会空间的扩张。资本运行于城市空间，一方面完成了大量的城市空间生产，另一方面也造成了空间享有上的贫富分化加剧。"②资本主义居住空间资本化的生产方式导致城市居住空间贫困与分异等不正义现象产生。

第二，资本主义制度是导致城市居住空间非正义的根本原因。马克思、恩格斯强调："工人阶级处境悲惨的原因不应当到这些小的弊病中去寻找，而应当到资本主义制度本身中去寻找。"③在马克思、恩格斯看来，居住空间非正义是资本主义社会制度的必然产物。恩格斯指出："社会知道它所建立的制度会引起怎样的后果，因而它的行为不单纯是杀人，而且是谋杀"④，资本主义制度对人之尊严的蔑视和对人性的扭曲是普遍物化逻辑的必然结果，要想彻底改变这种带有先天缺陷的生产方式，就必须要"结束牺牲一些人的利益来满足另一些人的需要的状况"⑤，打破社会财富由少数资本家所垄断和享有的私有制模式，代之以全体社会成员共建共享的理想社会制度。马克思、恩格斯将居住空间非正义的根本原因归结于资本主义制度是历史唯物主义研究视域下的必然结果，它为居住空间正义的建构奠定了基础和前提。

---

① 《马克思、恩格斯文集》(第7卷)，人民出版社2009年版，第875—876页。

② 高春花：《居住空间正义缺失的表现、原因及解决路径——以爱德华·苏贾为例》，《伦理学研究》2015年第1期。

③ 《马克思恩格斯选集》(第4卷)，人民出版社1995年版，第421页。

④ 《马克思恩格斯选集》(第3卷)，人民出版社1995年版，第138页。

⑤ 《马克思恩格斯文集》(第1卷)，人民出版社2009年版，第689页。

（三）资本主义城市居住空间正义的建构路径

马克思、恩格斯把资本主义社会居住空间非正义产生的根本原因归结于资本主义制度。因此，他们认为资本主义社会要最终解决住宅问题，根本路径在于消灭私有制和城乡对立，使生产资料归全社会所有。马克思指出："地产，即一切财富的原始源泉，现在成了一个大问题，工人阶级的未来将取决于这个问题的解决。"①在马克思看来，地产问题是工人阶级解决其他一切社会问题的关键。恩格斯认为，只有当社会已经得到充分改造，从而可能着手消灭在现代资本主义社会里已经达到尖锐程度的城乡对立时，地产问题才能获得解决。也就是说，只有社会问题解决了才能解决住宅问题，只有废除资本主义生产方式才能解决住宅问题。因为，只要资本主义生产方式存在，资产阶级剥削无产阶级，资本家榨取工人剩余价值的现状就会一直存在，居住空间贫困、居住空间隔离、居住空间异化等居住空间非正义现象就不可避免。也就是说，只要资本主义生产方式存在，居住问题就不可能得到根本的解决。美国社会学家简·雅各布斯在《美国大城市的生与死》中说过，"大规模的城市更新使国家投入大量资金让政客和房地产商获利，让建筑师得意，而平民百姓是旧城改造的牺牲品"②。资本主义制度下，城市更新的最大获益者是资本家，普通老百姓不仅不能获益甚至可能成为旧城改造的牺牲品，居住状况不及从前。因此，只要资本主义制度存在，资本主义生产方式照旧，想单独解决住宅问题是不可能的，只有消灭资本主义制度及其生产方式，真正实现由工人阶级自己占有全部生活资料和劳动资料，住宅问题才能得到真正的解决。恩格斯认为，只要无产阶级取得了政权，劳动人民成为房屋、工厂和劳动工具的总所有者，合理使用现在各大城市中足够的住房，就可以立即解决现实的住房短缺问题。③ 共产主义者的解决办法就是让社会主义公有制代替资本主义私有制，由上升到政治上独占统治地位的无产阶级以社会的名义占有全部生产资料，或"土地由联合起来的农业劳动者所公有"，要求土地为共同的利益而共同占有和共同耕种，要求整个社会生产体系的全面变革，而不是在不触犯当前的社会生产方式前提下仅仅

① 《马克思恩格斯选集》(第 3 卷)，人民出版社 1995 年版，第 127 页。
② 转引自卢卫：《居住城市化：人居科学的视角》，高等教育出版社 2005 年版，第 44—45 页。
③ 《马克思恩格斯选集》(第 3 卷)，人民出版社 1995 年版，第 156—157 页。

做些社会补缀或改良工作。[1] 因此，只有全世界无产者联合起来，推翻资产阶级的统治，建立无产阶级专政的国家，资本主义社会住宅问题才能得到最终的解决。

城市居住空间正义问题不仅是一个全球性的问题，也是当下中国正在面对并着力解决的问题。马克思、恩格斯的研究"所表现出来的微观视阈和实证精神，使得对资本主义制度的控诉具体化。同时，它也揭露了经济体制是如何破坏和摧毁人类居住地点的。在之后的几十年里，这些具有洞察力的观点成为无数重要的理论和实证研究的源泉"[2]。在这个意义上，重温马克思、恩格斯当年对资本主义生产方式理论框架下的居住空间问题的分析，为我们阐释中国社会居住空间问题提供了一个新的研究视角，为解决当代中国城市居住空间发展的不平衡性、实现城市居住空间正义提供了一种新的思路。从经典马克思主义居住空间理论中攫取资源和营养，保持马克思主义作为社会和历史理论对现实的解释力，保持它作为解放政治纲领对实践的指导作用和对现实的干预力具有重大的现实意义。

二、新马克思主义城市学派的居住空间正义思想

20 世纪 60 年代后期，资本主义社会出现普遍的城市危机，由于传统芝加哥生态学研究范式的逐渐式微，以列斐伏尔、哈维、卡斯特、苏贾等为代表的新马克思主义学者在城市研究中把马克思主义作为理论基础，继承了经典马克思主义的批判精神和理论观点，将居住空间研究纳入历史唯物主义的研究视角，用批判的视野审视资本主义的居住空间实践，基于资本主义资本循环、经济运行、社会运动等视角理解城市居住空间。[3] 提出了居住空间正义的政治实践目标，形成了一系列居住空间正义思想。

(一) 列斐伏尔的居住空间正义思想

亨利・列斐伏尔是当代新马克思主义学者中最早对空间及空间问题进

① 王文东：《恩格斯的居住正义思想及其启示》，《哲学动态》2010 年第 5 期。

② ［美］安东尼・M・奥罗姆、陈向明：《城市的世界——对地点的比较分析和历史分析》，曾茂娟、任远译，上海人民出版社 2005 年版，第 304 页。

③ 汪毅、何淼：《新马克思主义空间研究的逻辑与脉络》，《华中科技大学学报》2014 年第 5 期。

行理论阐释的学者，他将空间视角引入城市研究，贯穿马克思主义的方法论，致力于探索空间、权力、表征和行动者之间的关系，为理解城市社会空间变迁提供了理论和分析框架。“即便在今天，他依然是富有原创性和最杰出的历史地理唯物主义者。”①列斐伏尔的居住空间正义思想内蕴在其空间生产及城市权利思想中，具体表现在以下方面：

第一，资本主义城市居住空间的社会性。在列斐伏尔的视野中，空间不是抽象的自然物质或者是外在于人类活动的静止的“平台”，它产生于有目的的社会实践，是社会关系的产物。由此，区分了“自然空间”和“社会空间”。“社会空间”包含着社会关系的生产，并赋予这些社会关系以合适的场所。列斐伏尔将社会关系视为一种空间化的社会存在，指出：“每一种特定的社会、生产模式或生产关系都会生产出自己特殊的空间”②。“空间”是一种社会产品，而其一经形成又制约着社会关系的发展。社会空间的本质特征都蕴含在“空间的实践”“空间的表征”和“表征的空间”三个要素之中。具体到资本主义城市中，列斐伏尔认为居住空间“包含着再生产的社会关系和生产关系”，是生产资料、消费对象、政治工具和阶级冲突的重要场所，资本主义社会城市居住空间生产过程中的基本矛盾体现在居住空间的资本化与人对居住空间的需要之间的矛盾，也就是居住空间的交换价值和使用价值之间的矛盾。城市居住空间的矛盾正逐渐成为发达资本主义社会中主要矛盾的重要方面。

第二，对资本主义城市居住空间生产的政治经济学批判。列斐伏尔运用马克思主义政治经济学基本原理对资本主义城市居住空间生产关系进行了深入的解剖。发现当代资本主义剩余价值生产体系已经从“物的生产”发展到“空间本身的生产”，自然空间里的土地、空间甚至光线都简化为抽象的交换价值而被纳入资本主义剩余价值生产体系。以城市化为例，列斐伏尔通过对城市更新环境的考察发现，当代资本主义为了实现资本增值，获取更大利润，将资本投资目标转向城市居住空间生产，城市居住空间生产听命于

① ［美］爱德华·苏贾：《后现代地理学——重申批判社会理论中的空间》，商务印书馆 2007 年版，第 42 页。

② Henri Lefebvre, *The Production of Space*, Translated by Donald Nicholson-Smith, Oxford & Cambridge: Basil Blackwell Publisher, 1991, p.31.

资本积累的指挥棒，导致大量新城市居住空间被闲置，很多城市旧建筑在仍具有使用价值时被推倒，随着都市中心区商业高楼拔地而起，普通城市民众的居住空间不断被支离化、破碎化、郊区化，工作场所和居住空间相分离，都市空间面貌被资本塑造，城市空间沦为资本的权力场。居住空间生产给资本集团带来丰厚利润，也成就了作为城市规划者的官僚和技术专家的统治。都市的空间组织和空间形式已经成为资本主义生产方式的产物，“空间一向是被各种历史的、自然的元素模式铸造，但这个过程是一个政治过程。空间是政治的、意识形态的。它是一种充斥着各种意识形态的产物”①。

第三，以居住权为核心的城市权利的抗争。列斐伏尔认为资本逐利的本性把一切价值都简化为抽象的交换价值，资本主义不断生产同质化、碎片化的社会空间，“日常生活”空间的丰富性、差异性逐渐为资本的同质化所吞噬，导致“日常生活空间的殖民化”。当这种抽象空间试图同质化地控制每个个体的日常生活时，城市居民追求多样化和差异化的生活空间，并用自己的方式来参与和改变现有的空间——社会秩序的本能愿望会形成一股强大的政治力量，对抗资本主义的空间生产方式，进而对抗资产阶级群体。因此，与这种同质化空间相对抗的差异空间也必将崛起。“差异空间”如何建构？列斐伏尔引入了城市权利概念。列斐伏尔提出的城市权利是城市居住者对日常生活的抗争。列斐伏尔认为，城市权利像是一种哭诉和一种要求，前者是对被剥夺权利的哭诉，后者是对未来城市空间发展的一种要求。城市的权利更强调的是那些在城市的空间生产中被忽视的人的权利，需要去解决而不是扫除或者忽略不计、放任不管。城市的权利回归传统城市和对发展中心存在的呼唤的权利，是信息获得权利，是对综合服务的享用权，是使用者对城市地区的空间和时间活动的知情权，并且要涵盖对中心（城市）的使用权利。由此可知，列斐伏尔是通过对城市权利的争取来实现城市居住空间正义，这种正义的目标包括了群众和城市居住者对城市居住空间的建设、中心的使用等一系列城市居住空间的知情权、享用权、参与权。城市权利的实现，一是依靠民众的反抗，对不正义权力和生产的拒绝，对差异性空间的要求和对社会主义民主以及日常生活权利的重建；二是对乌托邦的

① 包亚明：《现代性与空间的生产》，上海教育出版社2003年版，第62页。

美好想象，没有想象就不能逃离现实空间去寻求正义的空间。①

（二）哈维的居住空间正义思想

哈维在仔细研究《资本论》的基础上，运用马克思主义历史唯物主义和政治经济学的基本原理，以过剩资本运动为出发点，围绕资本积累和阶级冲突主题研究了资本主义城市居住空间问题，哈维以“时空修复”为契机建立资本循环运动和资本主义危机之间的联系，找到了资本主义城市居住空间问题的产生机制。

第一，不平衡地理发展导致城市居住空间恶性地频繁改造。哈维在列斐伏尔的基础上将资本积累过程细分为三次循环，即生产普通商品的初次循环、生产建筑环境的第二次循环、用于支持科学技术改革和必要社会支出的第三次循环②。当代资本主义的积累方式呈现出新的特点，不断利用和占有空间是一个不容忽视的重要方面，“空间”在这里发挥着转嫁危机和深化资本积累的双重作用。城市居住空间生产与再生产成为资本主义资本积累过程的重要一环。资本主义转移内在过度积累危机的办法就是将资本投资转向次级循环，即将资本投资转向固定资产和消费基金项目，包括城市建筑环境、城市居住空间生产等，由于城市建筑环境本身是一项长期的固定资本投资，如果不能及时收回成本，资本就会贬值，于是，“资本主义发展不得不在保存建筑环境中原有资本投资的交换价值和破坏这些投资的价值以开拓更大积累空间进行两难选择”③，其结果往往导致城市建筑环境的频繁更新，城市居住空间的恶性频繁改造。

第二，不平衡地理发展导致居住空间隔离。当居住空间生产成为资本积累的重要路径，资本家就把房地产业作为一种快速资本积累的方式和投资的重点领域，实现了住房完全商品化。这样在房地产市场中形成了日益扩大的两极分化，占有经济资源和政治资源越多的阶级和个人就拥有数量

① 胡毅、张京祥：《中国城市住区更新的解读与重构——走向空间正义的空间生产》，中国建筑工业出版社 2015 年版，第 148—149 页。

② David Harvey. “The Urban Process under Capitalism: a Framework for Analysis”, *International Journal of Urban and Regional Research*, Vol.2, No.1, 1978.

③ David Harvey, *The Urbanization of Capital*, Oxford: Basil Blackwell, 1985, p.15.

更多、质量更好的房屋；反之，那些拥有资源禀赋较少的阶级和个人则在房地产市场中居于劣势地位，甚至连最起码的居住条件也得不到满足，这就形成了资本主义城市空间中的居住差异问题。地位和需要相似或相同的人居住在同一个地区和社区，不同地区和居住区的人倾向于彼此隔离。整个资本主义城市空间就好像是社会世界的马赛克图，不同地区呈现出不同的空间特点和居住景观，[①]容易造成两极分化甚至阶级对立。这既是一个经济问题，更是一个社会政治问题。资本主义生产的城市居住空间注定是“不稳定的矛盾场所和阶级斗争的所在”[②]。

第三，地租使得城市居住空间金融化发展。哈维认为地租是时空修复协同作用的关键，信用体系和居住空间生产在地租的整合下呈现城市居住空间的金融化发展。哈维以三维空间理论为参照，重构了马克思的地租理论使其适用于城市分析，即产生于相对空间的级差地租、产生于绝对空间与关系性绝对空间的绝对地租和垄断地租。[③] 哈维认为资本主义城市化过程通过人为创造的绝对空间产生的土地稀缺性导致绝对地租和垄断地租的组合，产生“阶级—垄断地租”[④]，其实质是资本为使用土地向土地所有者转移的剩余价值，“土地所有权逐渐被看作一种金融资产”[⑤]，吸引金融资本介入城市的居住空间生产。随着资本主义经济从工业化阶段发展到金融化阶段，阶级—垄断地租渐渐取代级差地租成为城市地租的主要内容。阶级—垄断地租一方面使金融资本占据并巩固霸权地位，一方面导致生产资本的利润率下降和贫困居民生活条件恶化。[⑥]

第四，城市居住空间正义的建构路径。哈维主张，对未来城市空间的探寻和替代应该在反资本主义的革命运动和对资本主义社会替代方案的视域中来审视。首先，要坚持替代资本主义城市空间的原则和策略。反抗资本主义城市化的革命运动发生在多个领域，如“在萦绕精神概念的劳动过程

---

① 唐旭昌：《大卫·哈维城市空间思想研究》，人民出版社2015年版，第181页。

② David Harvey, The Urbanization of Capital, Oxford: Basil Blackwell, 1985.

③ David Harvey, *Social Justice and the City*, Georgia: The University of Georgia Press, 2009, p.167.

④ ［美］哈维：《阶级—垄断地租、金融资本与都市革命》，《清华政治经济学报》2014年第2期。

⑤ David Harvey, *The Limits to Capital*. London & New York: Verso, 2006, p.347.

⑥ ［美］哈维：《阶级—垄断地租、金融资本与都市革命》，《清华政治经济学报》2014年第2期。

中、自然关系中、社会关系中、革命性技术和组织形式的构思中、日常生活中，或在改革体制和行政机构的尝试中”①。其次，关注和重视弱势群体的反抗运动。哈维认为“被剥夺的一无所有的人”和“弱势群体”是资本主义社会中的革命主体，在反抗资本主义的革命运动中很多发生在城市而不仅仅局限于工厂，同时也不能忽视各种形式的农村和农民运动。② 再次，坚持走暴力革命的道路。“革命的关键不是要保护旧有的社会秩序，而是直接对阶级关系和国家资本主义发起攻击。”因此，必须对我们所在的这个包括对人与自然的关系、社会关系的世界进行彻底的改变，那种“认为这一切可以以和平、自愿的方式完成，我们进行自我剥夺，主动放弃现在所拥有的会阻碍一个更加平等、稳定的社会秩序形成的东西”的想法虽然是美好的，但也是极不切合实际的。③ 最后，恢复和发扬马克思主义精神。哈维主张要实现资本主义城市空间的根本变革最终的思想资源就是马克思主义。马克思主义的理论特质和社会理想提供了这样一种政治可能性。批判性是马克思主义的重要特质，马克思主义的目标不仅仅是认识世界更是改变世界。哈维对马克思主义的共产主义社会理想抱有极大的兴趣，给予积极肯定。④

（三）苏贾的居住空间正义思想

在《后大都市》《后现代地理学》《第三空间》《寻求空间正义》等著作中，美国著名地理学家爱德华·苏贾以“空间—时间—存在”三元辩证法为理论基础，从伦理视角分析了居住空间之于人之存在的重要意义，探讨了资本主义居住空间非正义问题及其原因，提出了解决问题的行动主义策略。

第一，居住空间之于人的存在的重要性思想。一方面，从空间本体论意义上看，居住空间之于人的生存状态至关重要。苏贾认为空间、空间性具有人之存在的本体论意义。“就如空间、时间和物质描写和包含了物质世界的

① ［美］哈维：《资本之谜：人人需要知道的资本主义真相》，陈静译，电子工业出版社 2011 年版，第 220 页。

② ［美］哈维：《资本之谜：人人需要知道的资本主义真相》，陈静译，电子工业出版社 2011 年版，第 233 页。

③ 大卫·哈维：《资本之谜：人人需要知道的资本主义真相》，陈静译，电子工业出版社 2011 年版，第 238 页。

④ 唐旭昌：《大卫·哈维城市空间思想研究》，人民出版社 2015 年版，第 237 页。

基本特性一样，空间性、当代性和人类可被视为构成人类存在的所有元素的抽象的多个方面……[①]作为一种空间生产活动，建房筑屋不仅为满足遮蔽之需，也是为满足人的心理之需。德国哲学家包尔生认为，过度拥挤的住宅条件不仅危及人的健康，而且也影响人的幸福、道德和居住者的家庭感情。西方现代建筑学之父柯布西耶说："一切活人的原始本能就是找一个安身之所"，而"房屋是人类的必需产品"。他认为，为普通人建筑普通的住宅是恢复人道的基础。[②] 另一方面，人是一种权利的存在，享有权利是一个人拥有社会身份、成为社会成员的必要条件，重视城市权利符合逻辑与历史的必然性。城市权利特指由于城市发展所产生或带有鲜明城市性的权利，比如获得城市空间、参与城市管理、拥有城市生活的权利。其中，人的居住权占据首要地位，人在城市中生活拥有城市居住权是生存的前提和基础，只有先确认城市居住权的内容，才能为争取其他城市权利奠定基础。

第二，居住空间正义缺失的表现及原因。苏贾认为资本主义社会充斥着各种居住空间非正义现象。其一，居住空间贫困现象。苏贾以美国城市洛杉矶为例，描述了随着资本主义血汗工厂的大量增加，洛杉矶县出现了较为严重的无家可归现象。大约有 25 万人住在改建的汽车和后院的建筑物里，有一半之多的城市人口涌到汽车旅馆或其他旅馆去居住，以期节省足够的钱支付更加稳定的但又没有能力支付的住房租金所必需的担保金。更耐人寻味的是，在极其艰苦的条件下，洛杉矶穷人发明了一种"温床"，即轮流在席子上睡觉，轮不到席子的人就只好躲到电影院享受午夜后的低收费。那些更为不幸的人只能生活在大街上、快车道底下、纸板箱里或临时帐篷里，汇集成当时美国最大的无家可归人群，它创下了别样的洛杉矶的之"最"。[③] 其二，居住空间隔离现象。苏贾以美国洛杉矶为例，描述了资本运行于城市空间，致使洛杉矶逐渐变为一个贫富居住隔离、分异日益强化的城市。蓝领工人阶级居住在较老的中心城市里，而控制劳动力的主管人员、经营人员和监督人员却静居于风景优美的山坡和海滩上，二者之间显著的居

---

① Edward W. Soja, *Postmodern Geographies*, London and New York: Verso, 1989, p.25.

② ［法］勒·柯布西耶：《走向新建筑》，吴景祥译，中国建筑工业出版社 1981 年版，第 202 页。

③ ［美］爱德华·苏贾：《后现代地理学——重申批判社会理论中的空间》，王文斌译，商务印书馆 2004 年版，第 292 页。

住地两极化叠加在分布相对均匀的白领职业人口之上。在这两个集中性的相互对立的集团里，内部都有进一步的居住专门化和范围划定，保证每一个人都居住在其应该住的地方。①资本主义社会居住空间非正义“常态化”的原因是什么？苏贾深入到资本主义居住空间生产的全过程，抓住资本和权力这两个主要原因。认为城市居住空间是资本最好的投资场所，也是资本主义得以延续的活跃力量。居住空间资本化的过程就是资本主义生产关系再生产的过程，如果没有地理不平衡发展，资本主义将很难发挥其功能。资本运行于城市居住空间，一方面完成了城市居住空间生产，另一方面造成了居住空间享有上的两极分化，资本逻辑就是通过竞争使自己不断增值。居住空间非正义也是资本主义政治意志（权力）的产物。苏贾指出，在资本主义社会，金融资本造就城市居住空间，在与工业资本以及国家权力的结合中，变得“无所不能”。资本与权力的联合将城市重新规划为一部消费机器。

第三，居住空间正义的实现路径。苏贾主张行动主义策略，他认为，要实现居住空间正义，必须唤起民众觉悟、激发社会行动力量。要想摆脱“边缘”处境，占据“中心”位置，需要进行“地域权斗争”，其主要形式是边缘群体的集体社会行动。苏贾通过 1992 年美国“洛杉矶暴乱”来证明自己的行动论方案。②

（四）卡斯特尔的居住空间正义思想

卡斯特尔将城市系统定义为一个“由生产、消费、交换、行政、符号五种要素和诸多亚要素以特定结合方式链接而成的特殊矩阵”③，“城市系统的不同要素是严格联系并相互依赖的，每个要素在持续的相互作用中形成一个不可分解的整体”④。这样，任何城市问题都不是孤立的，而是蕴含在整

① ［美］爱德华·苏贾：《后现代地理学——重申批判社会理论中的空间》，王文斌译，商务印书馆 2004 年版，第 321 页。

② ［美］爱德华·苏贾：《寻求空间正义》，高春花、强乃社等译，社会科学文献出版社 2016 年版，第 9 页。

③ Manuel Castells, *The Urban Question: A Marxist Approach*, Translated by Alan Sheridan, London: Edward Arnold, 1977, pp.237 - 242.

④ ［法］卡斯特：《发达资本主义的集体消费与城市矛盾》，《国际城市规划》2009 年第 1 期。

体“城市系统的危机和矛盾”①中的，卡斯特尔认为城市本质上是一个集体消费的空间单位。

第一，从集体消费的视角探讨城市居住空间问题。卡斯特尔认为：“我们可以从劳动力的集体再生产的角度，重新对暗含在城市这个语义下的大部分现实进行转译，并且对与资本主义生产方式中的劳动力集中再生产的单位相连的城市单位和城市过程进行分析。”②在《城市社会学的理论和意识形态》一文中，卡斯特尔提出集体消费是“消费过程就性质和规模而言，组织和管理只能是集体供给，例如住房、社会公共设施、休闲服务等等”③。在《城市问题》一书中，卡斯特尔从与劳动力再生产的关系视角对集体消费做了进一步的界定——集体消费意味着“劳动力再生产实现条件的集体化”④。城市问题是“社会结构在劳动力再生产的空间单位中的实体表达”，在社会结构中，“城市劳动力的再生产和社会关系的再生产都是围绕着集体消费过程实现的”，“只有对集体消费过程进行具体分析才能揭示城市问题的本质”。⑤ 卡斯特尔选取集体消费视角探讨城市居住空间问题是其重要的理论特色。

第二，关于城市居住空间非正义问题及其原因。卡斯特尔认为资本主义城市居住空间非正义现象主要表现为城市居住空间危机和隔离。其一，城市居住空间危机现象。由于城市居住空间供给在数量上无法满足劳动力再生产的需要，在质量上不能满足社会关系再生产的矛盾，劳动力和生产关系再生产不能适应生产方式再生产，引发了城市居住空间危机现象。具体表现为缺乏舒适的住房和最起码的公共设施，过度拥挤、建筑陈旧和有害身心健康的居住条件等，严重地阻碍了资本主义生产和积累过程。其二，城市

① [法]卡斯特：《发达资本主义的集体消费与城市矛盾》，《国际城市规划》2009年第1期。

② Manuel Castells, *The Urban Question: A Marxist Approach*, Translated by Alan Sheridan, London: Edward Arnold, 1977, p.445.

③ Manuel Castells, “Theory and Ideology in Urban Sociology” in Chris Pickvance(ed.), *Urban Sociology: Critical Essays*, Oxon: Routledge, 2007, pp.60－84.

④ Manuel Castells, *The Urban Question: A Marxist Approach*, Translated by Alan Sheridan, London: Edward Arnold, 1977, p.431.

⑤ Manuel Castells, *The Urban Question: A Marxist Approach*, Translated by Alan Sheridan, London: Edward Arnold, 1977, pp.448, 445, 451.

居住空间隔离现象。城市居住空间隔离是指处于不同社会分层的成员以正式或非正式的方式聚集，将城市划分出内部高度同质且外部强烈不同的各种等级性区域的居住组织方式。这一现象产生的原因在于"社会产品在个体间的分配、住房在空间中的配置以及这两种分配体系相互作用下的特定效果"，是社会情境和特定位置在城市结构中的融合，反映了美国大城市中的种族问题和"中心—外围对立"等结构矛盾。① 卡斯特尔认为除了垄断资本主义生产方式的结构性矛盾以外，集体消费要素中"日益增长的消费过程的集体性和相互依赖性与私有资本利益支配之间"②的内在矛盾，也会导致城市居住空间危机和隔离等非正义问题出现。

第三，城市居住空间正义的建构路径。卡斯特尔认为城市居住空间正义的实现最终依赖城市社会运动，即"由城市代理人系统与其他社会实践在特定形势下以特殊方式结合而产生的实践系统"③。当集体消费供应不足，必然引起底层群众的不满，"城市体系内危机情况的存在并不一定能够引发规划等干预行为"，但会引发独立于工作场所阶级斗争的"根源于剥削的社会结构和政治与意识形态的压迫实践"的激进社会运动。④ 从而促使社会协调需求和私有资本利益达成暂时性的和局部性的共识，这时候国家干预会发挥有限的改良效果。由于资本主义国家干预最终服务并服从于资本逻辑，因此，依靠国家干预手段对抗垄断资本主义城市最终只会沦为"荒蛮城市"，只有"进步力量取得足够的社会和政治支持并发起对抗城市政策中支配性趋势的大型社会运动"⑤才是实现城市居住空间正义的最终路径。

新马克思主义学者对城市居住空间问题的分析，开辟了马克思主义研究的新领域，丰富了马克思主义理论的研究内容，对马克思主义学科以及马克思主义城市理论的发展做出了一定的贡献。其一，空间生产理论的提出，

---

① Manuel Castells, *The Urban Question: A Marxist Approach*, Translated by Alan Sheridan, London: Edward Arnold, 1977, pp.173 - 176.

② [法]卡斯特：《发达资本主义的集体消费与城市矛盾》，《国际城市规划》2009 年第 1 期。

③ Manuel Castells, *The Urban Question: A Marxist Approach*, Translated by Alan Sheridan, London: Edward Arnold, 1977, p.263.

④ Manuel Castells, *The Urban Question: A Marxist Approach*, Translated by Alan Sheridan, London: Edward Arnold, 1977, p.322.

⑤ Manuel Castells, *The Urban Question: A Marxist Approach*, Translated by Alan Sheridan, London: Edward Arnold, 1977, p.426.

使我们对居住空间的认识从物质空间转向社会空间，进一步认识到居住空间是政治的、意识形态的，这是对传统马克思主义空间思想的一个重大发展。其二，运用马克思主义方法论剖析资本主义居住空间问题，将资本积累和阶级斗争作为核心问题进行研究阐释，突出强调城市居住空间问题中资本和阶级斗争的重要性，对当代资本主义生产关系进行了批判性反思，对资本主义意识形态和制度进行了深入的批判，使经典马克思主义理论得到新的发展。

三、中国传统文化中的居住空间正义思想

（一）关于空间建构的思想

1. 关于居住空间建构的思想

居住是人类诞生以来生存的最基本问题，中华民族祖先的智慧中包含着丰富的居住空间建构思想。其一，我们应该建构什么样的居住空间？《文献通考》中有一段话："昔黄帝始经土设井，以塞争端，立步制亩，以防不足。使八家为井，井开四道，而分八宅，凿井於中。一则不泄地气，二则无费一家，三则同风俗，四则齐巧拙，五则通财货，六则存亡更守，七则出入相司，八则嫁娶相媒，九则无有相贷，十则疾病相救。"①中华民族祖先们自觉地开创、设计社会成员的居住空间，这种居住空间不仅具有保持生态、节约土地的环境功能，理财货、有无相贷的经济功能，出入相司、存亡更守的保卫功能，更有着塞争端、齐巧拙、通风俗等社会功能。也就是说居住空间的建构必须考虑环境功能、经济功能、安全功能、社会功能等条件。这些朴素的居住空间思想至今仍是现代人选择或建构居住空间的重要参考。其二，关于居住空间形态问题。《易・系辞》中说："上古穴居而野处，后世圣人易之以宫室。上栋下宇，以待风雨，盖取诸大壮。"②《墨子・辞过》中说："古之民未知为宫室时，就陵阜而居，穴而处，下润湿伤民，故圣王作为宫室。"③《孟子・滕文公下》中说："当尧之时，水逆行，泛滥于中国，蛇龙居之，民无定所；

① ［元］马端临：《文献通考》，中华书局1986年版，第123页。

② 《四部丛刊续编（四）》，上海书店出版社1984年版。

③ 《四部丛刊初编（七七）》，上海书店出版社1989年版。

下者为巢,上者为营窟。”[①]《韩非子·五蠹》中说:“上古之世,人民少而禽兽众,人民不胜禽兽虫蛇,有圣人作,构木为巢以避群害,而民悦之,使王天下,号之曰有巢氏。”[②]《礼记·礼运》中说:“昔者先王未有宫室,冬则居营窟,夏则居橧巢。”[③]上述文献记述可以总结为两点:一是上古穴居而野处,人们生活在洞穴之中;二是沼泽低湿之地,人们在树上筑巢而居。据考古学家分析,洞穴居住者,随着社会的进步而渐渐露出地面,由穴居、半穴居变为地面上建屋而居;巢穴者则渐渐地把居住空间下降,由巢居到半巢居(即干阑式建筑)进而也变为地面上的建筑。古人洞穴而居或筑巢而居目的是找到一个安全、舒适的居住空间,这是居住空间的基本条件。

2. 关于城市空间建构的思想

儒家倡导的礼乐教化思想深度融入到城市空间建构之中,其丰富的城市空间建构思想体现在以下方面:一是居中对称的空间建构观。《周礼·考工记》关于周公营造洛邑周王城记载:“方九里,旁三门。国中九经九纬,经涂九轨,左祖右社,面朝后市,市朝一夫。”[④]国都长宽各九里,每边开三门,都城内横纵各九条道路,左边是宗庙祭祀,右边是社稷坛,南边是宫殿,北边是市场,占地各方百步。对城市的形态,城墙、门廊、道路、祭祀、社稷、宫殿和市场等空间的位置、方位、规模都有严格的规定,方方正正,折中对称,体现了儒家思想“择中而立,居中为尊”“居中不偏”“不正不威”的空间建构思想。古代城市居住空间中的四合院设计,也是这种空间构建观念的反映;二是宗法礼制的空间建构观。《周礼·考工记》对王城、诸侯城以及宗室、卿大夫采邑的“都”城进行了严格规制,在规模、形态、数量、格局上都有自身的等级,凸显了城市作为政治空间单元的建构原则。儒家城市空间建构凸显城市空间作为政治和权利象征体系的重要意义。无论是宫殿王府、庙宇祠堂、会馆书院,还是坊里市场、亭台楼榭等公共场所,它们的空间布局、方位选择、性质功能、行为方式以及精神气氛等都受到礼制的约束。礼制主导了城市空间建构的价值选择和实践路径,构成了城市空间建构的内

---

① 《四部丛刊三编(四)》,上海书店出版社 1989 年版。
② 《四部丛刊初编(六一)》,上海书店出版社 1989 年版。
③ 《四部丛刊初编(五)》,上海书店出版社 1989 年版。
④ 《四部丛刊三编(四)》,上海书店出版社 1985 年版。

在逻辑。儒家对城市空间的宗法礼制建构，主要是通过官府来推动的，体现了儒家城市空间建构的政府主导型特征。早在《孔子家语·贤君》就有记载："吾欲使官府治理，为之奈何？"①，意在依靠政府部门和设置官僚职位来实施治理。总体来看，儒家关于城市空间建构的思想，突出了宗法秩序要求，空间构建以正名分、别尊卑、创秩序、促和谐为主要目标，以礼乐教化、道德象征等为主要手段，打造王权礼制和伦理等级的空间格局。

道家"道法自然"空间构建观。道家崇尚自然，顺应天性，无为而治，追求自由的天人合一思想，构成了城市园林景观、住宅环境、空间美学、生存意境、生态和谐等空间构建的理论基础，凸显了空间构建的人本化、主体化价值目标。《老子》中说："为无为，则无不治"②，这里的无为而治，并不是无所作为，而是顺其自然，顺应天性，顺从自然之大道。老子提出"人法地，地法天，天法道，道法自然"③，强调顺乎自然之道，不进行人为的扭曲。空间环境的构建要体现其自然本真的特性，"仰则观象于天，俯则观法于地。"④"与天地相似，故不违。"⑤象天法地，返璞归真，与自然和谐统一，各种空间要素之间组合匹配合乎自然规律。空间环境的构建无需过多的人为雕饰，即使是人工所为，也似自然天成，无牵强附会之意，这种道法自然的空间布局和设置，本质上体现了人的主体性和人本性，凸显了人的精神与自然之道的内在和谐一致。《庄子·齐物论》中说："天地与我并生，而万物与我为一"⑥，达到与天地自由往来的精神境界。在这种自然化，同时也是主体化的空间建构过程中，达到人与自然的和谐统一，人性与自然本性的互通有无。

法家现实而实用的城市空间建构思想集中体现在《管子》一书中。一是功能性空间建构观。强调以城市实际的空间环境和关系为基准，进行因地制宜的空间安排和创造，突出空间建构实际的功能和效果。《管子·乘马》中说："凡立国都，非于大山之下，必于广川之上。高毋近旱而水用足，下毋

---

① 《四部丛刊初编(五五)》，上海书店出版社 1989 年版。
② 《四部丛刊初编(九〇)》，上海书店出版社 1989 年版。
③ 《四部丛刊初编(九〇)》，上海书店出版社 1989 年版。
④ 《四部丛刊续编(四)》，上海书店出版社 1984 年版。
⑤ 《四部丛刊续编(四)》，上海书店出版社 1984 年版。
⑥ 《四部丛刊初编(九〇)》，上海书店出版社 1989 年版。

近水而沟防省。”[①]城市在空间选址和营建中因地就势，根据山川河流分布走势，合理治理城市水患干旱。“乡山，左右经水若泽。内为落渠之写，因大川而注焉。”[②]在整个城市的空间格局上，注重排水防洪，对水患的治理。“因天材，就地利，故城郭不必中规矩，道路不必中准绳。”[③]空间不必中规中矩，依据城市所处的自然地理空间环境，构建城市的整个空间形态以及灵活的道路系统，突出城市空间之间在功能上的契合；二是经济性空间建构观。与儒家的政治伦理型空间建构观不同，法家对城市经济空间的构建（包括农业与城市的关系、工商业的空间关系）构成了城市空间建构的另一大特点。《治国》有云：“凡治国之道，必先富民。民富则易治也，民贫则难治也。”[④]突出了富民之于国（城）治理的重要性。“大农、大工、大商谓之三宝。农一其乡，则谷足；工一其乡，则器足；商一其乡，则货足。”[⑤]商业发达，货物充足，则城市繁荣，这些之于城市发展具有重要意义。“地不辟，则城不固。”[⑥]城市周边土地不肥沃，农业产出不高，必然不能支撑城市的发展。城乡关系，特别是城市赖以存在的乡村经济腹地对城市自身的存在发展具有重要影响。“地不正，则官不理，官不理则事不治，事不治则货不多。”[⑦]城乡土地与经济治理不当，必然影响到城市工商业的发展。根据城市各空间的职能和性质，合理划分，突出工商业空间在整个城市之中的重要地位，强调对工商业市场设置，地段划分和位置选择等空间构建的重要性；三是均衡性空间建构观。法家无论基于空间关系的因地制宜、实用有效，还是在城市中突出工商业空间，都内含着一种均衡的空间观。《管子·八观》中说：“夫国城大而田野浅狭者，其野不足以养其民。城域大而人民寡者，其民不足以守其城。宫营大而室屋寡者，其室不足以实其宫。”[⑧]城市自身的规模与其乡村腹地之间的关系，城市地域与人口的关系，以及城市房屋建设与人口居住的关

① 《四部丛刊初编（六一）》，上海书店出版社 1989 年版。

② 《四部丛刊初编（六一）》，上海书店出版社 1989 年版。

③ 《四部丛刊初编（六一）》，上海书店出版社 1989 年版。

④ 《四部丛刊初编（六一）》，上海书店出版社 1989 年版。

⑤ 《四部丛刊初编（六〇）》，上海书店出版社 1989 年版。

⑥ 《四部丛刊初编（六一）》，上海书店出版社 1989 年版。

⑦ 《四部丛刊初编（六一）》，上海书店出版社 1989 年版。

⑧ 《四部丛刊初编（六一）》，上海书店出版社 1989 年版。

系，都要考虑它们的协调均衡。“山林虽广，草木虽美，禁发必有时；国虽充盈，金玉虽多，宫室必有度；江海虽广，池泽虽博，鱼鳖虽多，罔罟必有正。”①城市发展与生态环境保护、自然资源开发利用等同样需要考虑空间内外的平衡。功能性、经济性、均衡性空间建构观构成了法家城市空间建构的核心思想，与儒家的政治性伦理性空间构建思想存在较大差异。②

（二）关于公平正义的思想

居住空间正义与中国几千年来崇尚平等、重义、轻利、追求大同的价值观在理念上是吻合的。比如，中国传统文化中蕴含着丰富的平等思想，《道德经》有云：“人之道，损不足以奉有余”，即人的本能就是设法让不足的补充有余的，达到赢家通吃的目的。“天之道，损有余而补不足”③，即自然规律是减少有余的补给不足的，即天道。天道不可违，所以，国家要设法“损有余而奉天下”，维护社会的公平正义，让天下苍生太平有序，保持社会动态平衡，这就是大自然持续之道。再如：中国传统文化中“大同”的社会理想，大同理想在中国文化中几千年流传不断，在《庄子》《吕氏春秋》《礼记・礼运》等典籍中均有论及。《礼记・礼运》大同章记载：“大道之行也，天下为公，选贤与能，讲信修睦，故人不独亲其亲，不独子其子，使老有所终，壮有所用，幼有所长，矜、寡、孤、独、废疾者皆有所养；男有分，女有归，货恶其弃于地也不必藏于己，力恶其不出于身也不必为己，是故谋闭而不兴，盗窃乱贼而不作，故外户而不闭，是谓大同。”④描绘了一个“居者有其屋，耕者有其田”、与他者和睦相处、平等有爱的社会。康有为在《礼运注》中描述的“大同”世界是一个“无贵贱之分，无贫富之等，无人种之殊，无男女之异”“无所谓君，无所谓国，人人皆教养于公产”的太平盛世。⑤ 康有为在《大同书》中打出“礼运大同”的旗帜，希望世界走向“至平、志公、至仁”的“大同太平之道”。⑥ 孙中

---

① 《四部丛刊初编（六一）》，上海书店出版社 1989 年版。

② 陈兵：《城市空间治理研究——基于马克思主义社会空间视角》，华中科技大学博士学位论文 2019 年。

③ 《四部丛刊初编（九〇）》，上海书店出版社 1989 年版。

④ 《四部丛刊初编（五）》，上海书店出版社 1989 年版。

⑤ 康有为：《孟子微礼运注中庸注》，中华书局 1987 年版，第 236—240 页。

⑥ 康有为：《大同书》，中州古籍出版社 1956 年版，第 11 页。

山的“三民主义”指出“民生主义就是社会主义，又名共产主义，即是大同主义”①，“民生主义就是要四万万人都有饭吃，并且要有便宜的饭吃”②。简单来说，孙中山提出的民生主义就是要平均地权、节制资本，实现耕者有其田，该思想是对中国传统大同思想的扬弃。毛泽东找到了实现民主解放、人民当家作主的正确道路，从真正意义上实践了“居者有其屋，耕者有其田”的大同社会理想。1946 年发布的《关于土地问题的指示》，简称“五四指示”，揭开了解放区土地立法的序幕，为实现耕者有其田的土地革命指明了方向。1947 年颁布的《中国土地法大纲》规定彻底废除封建性及半封建性剥削的土地制度，规定实行耕者有其田的土地制度。③ 新中国建立后，第一个五年计划时期(1953 年—1957 年)，国家住房建设方针是使劳动人民有房可住，并逐步改善居住条件。1958 年—1978 年中国城市住房的建设、分配与管理实行单位住房福利制度，住房的商品属性被否定，国家按照单位行政级别投资建设住房，住房产权公有，单位实物分配，职工低价租住。追求空间权利的平等是中国优秀传统文化中不可或缺的一部分，古往今来，中国人从来没有停止过实践的步伐，留下了宝贵的经验财富。

① 孙中山全集(第 9 卷)，中华书局 1986 年版，第 355 页。

② 孙中山全集(第 9 卷)，中华书局 1986 年版，第 327 页。

③ 张天勇、王蜜：《城市化与空间正义：我国城市化的问题批判与未来走向》，人民出版社 2015 年版，第 144—146 页。

第二章

中国特色社会主义城市居住空间正义的原则特征

本章主要对中国特色社会主义城市居住空间正义的基本特征与原则体系进行细致深入的阐述，以进一步加深对中国特色社会主义城市居住空间正义的理论认识，有效区别于资本主义城市居住空间正义理论，为走出一条与西方国家截然不同的、有中国特色的城市居住空间发展道路，实现以人为本的城市可持续发展模式奠定理论基础。

第一节　中国特色社会主义城市居住空间正义的基本特征

中国特色社会主义城市居住空间正义的基本特征，既是对中国特色社会主义城市居住空间正义内涵的进一步演绎与深化，也是中国特色社会主义城市居住空间正义与资本主义城市居住空间正义区别的显著标志。中国特色社会主义城市居住空间正义是为了满足广大人民群众对居住空间的需求，实现最广大人民群众对美好生活的向往。中国特色社会主义城市居住空间正义的实现离不开中国共产党的领导，依靠广大人民群众"撸起袖子加油干"的集体力量。因此，中国特色社会主义城市居住空间正义具有党的领导、人民性、实践性、可持续性的显著特征。

一、党的领导

"中国特色社会主义最本质的特征是中国共产党领导，中国特色社会主义制度的最大优势是中国共产党领导。”①中国特色社会主义城市居住空间正义的实现是在中国共产党的领导、组织、管理之下，中国共产党的领导是中国特色社会主义城市居住空间正义最本质的特征和最大的优势。

第一，中国共产党在城市权力结构中处于核心地位，它通过组织地方政府和嵌入基层社会空间，全面介入城市居住空间建设，领导城市各管理主体共同促进城市居住空间正义的实现。“中国政治的一个常量和基本要素是党的组织‘嵌入’和‘重组’了国家政权结构”②，党员在城市政府机构任职，在政府机构建立党组织，党的组织具有绝大部分的政治和行政权力，党的政治权威强化了党和国家实现总体空间发展战略的程度，要求地方政府的城市居住空间建设行为必须与党的指导思想保持一致。③ 这种体制保证了党对城市居住空间建设与发展的领导，使中国整个权力系统拥有应对危机的能力。

第二，中国共产党通过在全社会大力弘扬公平正义，积极促进民众建立起居住空间正义的价值理念。政府是各种社会资源、社会财富以及各种社会利益的组织生产者、提供者和保障分配者，社会成员对社会利益的占有要通过基本的社会结构和基本的制度安排才能实现。正义观念、标准和原则通过社会制度或社会结构体系体现出来，并贯穿于制度设置和实施的整个过程之中。弘扬社会公平正义是构建社会主义和谐社会的重要组成部分，也是中国共产党一贯坚持的价值追求、政治主张、治国理念和重要历史任务。改革开放四十多年来，中国政府一直在探索居住空间正义的实践路径，逐步构建了具有中国特色的多层次住房制度体系④，有效促进社会民众建立居住空间正义理念，形成普遍的空间伦理观念。

第三，中国共产党的领导可以有效解放居住空间生产力，合理开发利用居住空间资源，促进土地资源的合理流转，提高土地的居住空间生产效率，加大居住空间产品的有效供给，满足人民美好生活的居住空间需求；可以有

① 习近平：《高举中国特色社会主义伟大旗帜为全面建设社会主义现代化国家而团结奋斗——在中国共产党第二十次全国代表大会上的报告》，人民出版社 2022 年版，第 6 页。

② 景跃进：《当代中国政府与政治》，中国人民大学出版社 2016 年版，第 5—6 页。

③ 王海荣：《空间理论视阈下当代中国城市治理研究》，吉林大学博士学位论文 2019 年。

④ 吴海瑾：《中国新时代住房正义的内涵及制度优越性》，《学海》2020 年第 4 期。

效保障居住空间产品的供给向弱势群体和底层人口倾斜，保证他们在城市中生存和生活的基本居住空间权利；可以有效防止少数精英凭借社会地位占有更多的城市居住空间资源；可以有效打破居住空间隔离而形成社会阶层固化；可以有效设置资本“红绿灯”，依法加强资本监管，防止资本野蛮生长，杜绝资本对政治空间、公共空间的渗透与异化。总之，党的领导可以充分发挥社会主义制度集中力量办大事的优势，引导政治权力有序运行，控制资本有序运作，使得政府权力与资本逻辑之间保持适当的张力，引导资本服务国家发展、提升人民福祉，建设和谐美丽的城市居住空间必须坚持党的主张和领导。

二、人民性

中国特色社会主义城市居住空间正义坚持“以人为本”，以人民为中心，“坚持人民城市人民建，人民城市为人民”①。

第一，符合马克思主义指导思想。在历史唯物主义的思想视域中，人是社会发展的最高价值目标。马克思在《〈黑格尔法哲学批判〉导言》中提出“人的根本就是人本身”的著名命题，“对宗教的批判最后归结为人是人的最高本质这样一个学说，从而也归结为这样的绝对命题：必须推翻使人成为被侮辱、被奴役、被遗弃和被蔑视的东西的一切关系”②。马克思深刻批判了资本主义社会将“物性”高居于“人性”之上的“物本逻辑”，认为在资本主义生产方式下，“随着人类愈益控制自然，个人却似乎愈益成为别人的奴隶或自身的卑劣行为的奴隶……似乎结果是使物质力量成为有智慧的生命，而人的生命则化为愚钝的物质力量”③。马克思在唯物史观的基础上，将是否与生产方式相适应作为判断正义与否的标准，马克思主义城市居住空间正义观强烈批判那种只为少数人利益服务的、虚伪的资本主义生产方式，认为资本主义生产方式是在表面平等。“自由”之下的资本家与工人之间实质上不平等的关系。马克思在《资本论》中尖锐地指出：“劳动力的买和卖是在

① 习近平：《高举中国特色社会主义伟大旗帜为全面建设社会主义现代化国家而团结奋斗——在中国共产党第二十次全国代表大会上的报告》，人民出版社 2022 年版，第 32 页。

② 《马克思恩格斯文集》（第 1 卷），人民出版社 2009 年版，第 11 页。

③ 《马克思恩格斯文集》（第 1 卷），人民出版社 2009 年版，第 580 页。

流通领域或商品交换领域的界限以内进行的，这个领域确实是天赋人权的伊甸园。”由此可见，资本主义城市居住空间生产是为少数占有生产资料的资本家服务的，只是有利于资产阶级利益的生产方式，而大多数劳动者处于被剥削和压迫的状态。因此，以马克思主义为指导的中国特色社会主义城市居住空间正义在维护哪部分群体利益的问题上与资本主义截然相反，从根本上是为了维护和实现无产阶级和劳动群众这个整体利益的，体现了人民性的基本特征。

第二，符合社会主义制度的发展需求。相对于资本主义制度而言社会主义制度的基本要素是实行以公有制主体、实现人民当家作主，最终目的是为了人民的福祉，为了人的自由而全面的发展。因此，以人民满意而非以资本满意为发展目标是社会主义制度下解决城市居住问题的根本依归。人民满意要求中国共产党及其领导的政府始终坚持群众观点和群众路线，将群众的感受和群众的利益诉求放在首位，重视群众对城市居住空间建设的空间权益诉求，始终明确将市场经济及资本作为建设抓手，创造的成果由人民共享。共同富裕是社会主义的本质要求，坚持共同富裕的发展方向要求城市发展坚持“居住空间正义”原则，将满足人民群众的居住空间需求作为居住空间生产与分配的目标，以消除资本对城市居住空间生产与分配带来的居住空间分异和隔离的不利影响。

第三，符合中国共产党的根本宗旨。全心全意为人民服务是中国共产党的根本宗旨，党的一切奋斗和工作都是为了造福人民，要始终把实现好、维护好、发展好最广大人民的根本利益作为党和国家一切工作的出发点和落脚点，做到发展为了人民、发展依靠人民、发展成果由人民共享。党的二十大报告指出：“我们深入贯彻以人民为中心的发展思想，在幼有所育、学有所教、劳有所得、病有所医、老有所养、住有所居、弱有所扶上持续用力，人民生活全方位改善。”①党的十九大报告提出：“坚持以人民为中心。人民是历史的创造者，是决定党和国家前途命运的根本力量。必须坚持人民主体地位，坚持立党为公、执政为民，践行全心全意为人民服务的根本宗旨，把党的

① 习近平：《高举中国特色社会主义伟大旗帜为全面建设社会主义现代化国家而团结奋斗——在中国共产党第二十次全国代表大会上的报告》，人民出版社2022年版，第10页。

群众路线贯彻到治国理政全部活动之中，把人民对美好生活的向往作为奋斗目标，依靠人民创造历史伟业。”①《中共中央关于党的百年奋斗重大成就和历史经验的决议》指出：“党的根基在人民、血脉在人民、力量在人民，人民是党执政兴国的最大底气。”②中国发展住房事业并不仅仅是为了追求国内生产总值的提高，追求房地产增加多少产值，更是为了改善和提高全体中国人的住房福利水平。如果我们发展住房市场最后的结果是富人越富，穷人越穷，仅仅少数人获益的话，那么与住房市场的人民性就完全背道而驰，也与中国共产党的根本宗旨相背离。也就是说，中国共产党宗旨的人民性就是要求房地产市场发展的根本目的回到住房的居住功能上来，而不是成为价值增殖的源泉。

三、实践性

正义理想是具体而历史的。在公平正义理论体系里，社会实践状况是一个社会选择正义原则的现实依据，决定一个社会正义观念的发展以及基于正义观念的制度设计。不能脱离一定的社会历史条件，特别是社会经济条件，抽象地谈论居住空间正义。马克思指出：“在历史上出现的一切社会关系和国家关系，一切宗教制度和法律制度，一切理论观点，只有理解了每一个与之相应的时代的物质生活条件，并且从这些物质条件中被引申出来的时候，才能理解。”③当代中国居住空间正义的追求和社会制度的构建应该根植于中国社会实践基础之上。当前中国最大的实践基础就是社会主义初级阶段基本国情。党的二十大报告指出：“我国是一个发展中大国，仍处于社会主义初级阶段，正在经历广泛而深刻的社会变革，推进改革发展、调整利益关系往往牵一发而动全身。”④“明确我国社会主要矛盾是人民日益增长的美好生活需要和不平衡不充分的发展之间的矛盾，并紧紧围绕这个

① 习近平：《决胜全面建成小康社会夺取新时代中国特色社会主义伟大胜利——在中国共产党第十九次全国代表大会上的报告》，人民出版社 2017 年版，第 21 页。

② 《中共中央关于党的百年奋斗重大成就和历史经验的决议》，人民出版社 2021 年版，第 66 页。

③ 《马克思恩格斯全集》第 13 卷，人民出版社 2002 年版，第 8 页。

④ 习近平：《高举中国特色社会主义伟大旗帜为全面建设社会主义现代化国家而团结奋斗——在中国共产党第二十次全国代表大会上的报告》，人民出版社 2022 年版，第 20—21 页。

社会主要矛盾推进各项工作……”①党的十九大报告指出:“中国特色社会主义进入新时代,我国社会主要矛盾已经转化为人民日益增长的美好生活需要和不平衡不充分的发展之间的矛盾。”②“必须认识到,我国社会主要矛盾的变化,没有改变我们对我国社会主义所处历史阶段的判断,我国仍处于并将长期处于社会主义初级阶段的基本国情没有变,我国是世界最大发展中国家的国际地位没有变。”③居民的住房是居住空间资源配置中最为核心的问题。我们对居住空间正义的追求应该根植于这样一个基本历史现实基础之上。

中国共产党对于中国特色社会主义城市居住空间正义的探索实现了理论性与实践性的高度统一。马克思指出:“哲学家们只是用不同的方式解释世界,而问题在于改变世界。”④习近平总书记也多次强调:“空谈误国,实干兴邦。”⑤中国特色社会主义城市居住空间正义不是空谈的正义,而是结合实际,不断付诸实践,不断探索规律的过程。历史地看,1978 年中国改革开放拉开了城市住房改革的序幕。1998 年由福利分房政策转变为货币化、商品化的住房政策,意味着中国的住房制度改革真正启动,此后中国的房地产市场取得了长足的发展与繁荣,但也给中国社会与经济带来了一系列严重问题。2003 年政府部门不断出台房地产调控政策,但效果甚微。2016 年中央经济工作会议确立“房子是用来住的、不是用来炒的”(“房住不炒”)的定位,要求房地产市场回归到居住功能。重新定位使我们对国内房地产市场性质的认识出现了一个重大转折。2017 年党的十九大报告指出:“坚持房子是用来住的、不是用来炒的定位,加快建立多主体供给、多渠道保障、租购并举的住房制度,让全体人民住有所居。”⑥党的十九大报告把“只住不炒”

① 习近平:《高举中国特色社会主义伟大旗帜为全面建设社会主义现代化国家而团结奋斗——在中国共产党第二十次全国代表大会上的报告》,人民出版社 2022 年版,第 7 页。

② 习近平:《决胜全面建成小康社会夺取新时代中国特色社会主义伟大胜利——在中国共产党第十九次全国代表大会上的报告》,人民出版社 2017 年版,第 11 页。

③ 习近平:《决胜全面建成小康社会夺取新时代中国特色社会主义伟大胜利——在中国共产党第十九次全国代表大会上的报告》,人民出版社 2017 年版,第 12 页。

④ 《马克思恩格斯全集》(第 1 卷),人民出版社 1995 年版,第 119 页。

⑤ 习近平:《习近平谈治国理政》,外文出版社 2014 年版,第 36 页。

⑥ 习近平:《决胜全面建成小康社会夺取新时代中国特色社会主义伟大胜利——在中国共产党第十九次全国代表大会上的报告》,人民出版社 2017 年版,第 47 页。

写入中央文件。恢复住房的居住功能是对城市居住空间正义的实质性探索和迈进。

四、可持续性

中国特色社会主义城市居住空间正义的可持续性是由中国共产党宗旨的人民性、社会主义城市土地的国有性、我国宪法保障居民基本居住权的天赋性所决定的。

第一，党的宗旨的人民性决定了中国特色社会主义城市居住空间正义是可持续的。我国是中国共产党领导下的社会主义国家，中国共产党的根本宗旨就是全心全意为人民服务，党的一切奋斗和工作都是为了造福人民，要始终把实现好、维护好、发展好最广大人民的根本利益作为党和国家一切工作的出发点和落脚点，做到发展为了人民、发展依靠人民、发展成果由人民共享。住有所居是中国共产党重要的民生工程，只要我国是由中国共产党领导的社会主义国家，就会永远把人民对安居乐业的美好生活的向往作为奋斗目标，这是由党的性质和宗旨决定的。

第二，社会主义城市土地的国有性决定了中国特色社会主义城市居住空间正义是可持续的。宪法规定，中华人民共和国的社会主义经济制度的基础，是生产资料的社会主义公有制，即全民所有制和劳动群众集体所有制。土地的社会主义公有制是我国土地制度的核心。中国土地为全体中国人民所有，中国土地为全体人民服务，人民有权共享土地上的增值收益成果，土地所有权人有权利转让使用权或者收回国有土地。正因为中国土地国有，住房生产的最基本的要素是土地。因此，土地附着物即住房上的利益如何来分配与调整则是一个纯粹的公共问题，是可以通过公权力来达到可持续的目的。①

第三，我国宪法保障居民基本居住权的天赋性决定了中国特色社会主义城市居住空间正义是可持续的。在现代人类文明社会，个人具有居住权的天赋性。保证社会每一个公民的基本居住权具有原则上的优先性，不论哪个国家发展房地产市场都有一个清楚明确的定位，住房首先是给人住的

① 易宪容、郑雅丽：《中国居住正义的理论研究》，中国社会科学出版社 2020 年版，第 24 页。

而不是做其他用的。正因为每一个人的基本居住权的天赋性，居住权是现代文明社会每个人最基本的权利。《中华人民共和国宪法》第33条明确规定，国家尊重和保障人权。中国居民的生存权是最重要的人权，衣食住行是居民最基本的生存条件，居住权是中国居民最为重要的天赋人权，得到宪法的保护，由此决定了中国特色社会主义城市居住空间正义是可持续的。

第二节 中国特色社会主义城市居住空间正义的原则体系

以居住空间正义的伦理诉求为关照，中国特色社会主义城市居住空间正义的原则体系由基本原则（属人性原则、平等性原则和差异性原则）以及派生原则（和谐性原则、开放性原则和补偿性原则）所构成，这些抽象的价值目标在获得社会的广泛接受后，可以成为人们反思居住空间不公正，反抗居住空间不公正对待的思想源泉，成为影响居住空间政策制定者确立居住空间规划的基本价值尺度。

一、基本原则

（一）属人性原则

属人性是中国特色社会主义城市居住空间的精神特性，是城市居住空间生产与消费的人文取向。城市居住空间是“人”的空间，而不是“物的牢笼”，人在城市居住空间里享有家园感，而不是被异化为“非人”。为避免城市居住空间的异化，使其成为充满家园感与归属感的人性化空间，要求注重城市居住空间的人本性与人文性。沙里宁在《城市：它的发展，衰败与未来》一书中提出“我们应当把城市建造成为适宜于生活的地方，由于这个原因，在建设城市时，就要把对人的关心，放在首要位置上。应当按照这样的要求，协调物质上的安排。人是主人，物质上的安排就是为人服务的”。①

① ［美］伊利尔·沙里宁：《城市：它的发展衰败与未来》，顾启源译，中国建筑工业出版社1986年版，第23页。

简·雅各布斯认为："所有美好的城市，城市建设和设计总要满足人民生活需要，让市民满意。"①"城市应该是一个给人提供生活空间的美丽而充满魅力的地方。我认为城市是社会集体成就的最终体现。在这里，人们可以恣意发挥，最大限度的自我实现。自由、爱、观念、激情、平静和欢乐等不同元素在这里交织。"②城市居住空间本是自然空间的人化产物，其不仅为"物"的空间，更重要的是为"人"的空间。构建中国特色社会主义城市居住空间正义要求从人化空间走向人性化空间即物性因素与人性因素和谐发展。城市居住空间在安置人的身体的同时，也眷顾人的精神，它为人的生存与发展提供精神上的庇护，充分展现场所精神。德国哲学家海德格尔认为，只有当建筑物作为属人的筑造品时，人才能以在此空间中的栖居表现自己生存方式。在这里，空间与人是融合的，人在空间中得到思考的栖居，而空间则由此展现出"场所精神"，反之，人与空间的分离或对立不是"场所"，即使是以超人尺度筑造的建筑物对人而言，也不构成"场所"。所以，空间的最佳境界是展现自己的"场所精神"，海德格尔将人定义于"天、地、神、人"四元结构中，其职责是拯救大地、接纳苍天、期待诸神、关怀人性。③ 所以，人类应重视城市的历史肌理及蕴藏其后的精神本质在城市复兴中的价值，在人与环境的相互眷顾中，在诸因素交相辉映的"场所精神"中学会"诗意栖居"。城市居住空间是人的空间，实现人的自由全面发展是城市居住空间建设的最终目的，人的自由全面发展也会使城市居住空间的人性张力得到丰富和充实。

（二）平等性原则

马克思认为："一切人，或至少是一个国家的一切公民，或一个社会的一切成员，都应当有平等的政治地位和社会地位。"④马克思不仅把平等视为

---

① ［美］艾伦·B·雅各布斯：《美好城市——沉思与遐想》，高杨译，电子工业出版社 2014 年版，第 8 页。

② ［美］艾伦·B·雅各布斯：《美好城市——沉思与遐想》，高杨译，电子工业出版社 2014 年版，第 9 页。

③ Martin Heidegger, Poetry, Language, Thought, Translations and Introduction by Albert Hofstadter, New York: Harper & Row, Publishers, 1971, p.1197.

④ 恩格斯：《反杜林论》，《马克思恩格斯选集》（第 3 卷），人民出版社 2012 年版，第 480 页。

人的基本权利，而且强调了权利的主体不是某一阶级、某一阶层、某一集团的"人"，而是"一切人"。依据马克思主义的平等观，中国特色社会主义城市居住空间正义就是保障公民享有居住空间权益的平等性，保障公民不因为身份、年龄、性别、职业、社会地位等方面的差别而影响自己享有居住空间权益。由此看来，平等性原则的内涵可以解读为城市居住空间权利的平等、城市居住空间机会的平等以及城市居住空间结果的平等。① 城市居住空间权利的平等，即所有城市居民在生活空间体系面前都应该受到平等对待，同时，在获取和享受自身居住空间权益的同时，不能损害其他市民居住空间权益的获取和享受居住空间权益的能力与机会。在城市居住空间权益面前任何人都是平等的，这体现了罗尔斯正义观的第一个正义原则："每个人对与所有人所拥有的最广泛平等的基本自由体系的类似自由体系都应有一种平等的权利"②；城市居住空间机会的平等，即所有城市居民都享有"居者有其屋"的机会。也就是说，必须为城市居住空间主体提供普遍获得居住空间的机会；城市居住空间结果的平等，即所有城市居民在居住空间享有上有大致相等的结果。这里并不是要求城市居住空间主体的境况完全一致，而是要求其在居住空间结果分配中的正义性、平等性。这体现了罗尔斯正义观的第二个正义原则："社会的和经济的不平等应这样安排，使它们在与正义的储存原则一致的情况下，适合于最少受惠者的最大利益；依系于在机会平等的条件下职务和地位向所有人开放"③。这就要求在城市居住空间分配过程中，首要考虑的是弱势群体的居住空间利益需求，城市居住空间的安排要有利于提高弱势群体的待遇，不断缩小城市居住空间的贫富差距，不损害弱势群体的居住空间权益。

（三）差异性原则

美国城市规划学家雅各布斯从城市人群的异质性特点来诠释城市空间

① 高春花、孙希磊：《我国城市居住空间正义缺失的伦理视阈》，《学习与探索》2011 年第 3 期。

② ［美］约翰·罗尔斯：《正义论》，何怀宏、何包钢、廖申白译，中国社会科学出版社 1988 年版，第 7 页。

③ ［美］约翰·罗尔斯：《正义论》，何怀宏、何包钢、廖申白译，中国社会科学出版社 1988 年版，第 7 页。

的多样性。她认为，好的城市是具有活力的，而城市活力主要源于城市的多样性。城市空间的多样性是城市的天性，对于城市发展来说是力量的源泉、发展的活力所在。城市是由兴趣、能力、需求、财富等各不相同的人聚居一起的产物，它既是不同种族、民族和文化的熔炉，也是培育新的文化混合体的温床。由城市人群的异质性所决定，城市空间的生产和消费应该充分尊重和满足城市人群的多样性需求，营造丰富、生动的城市空间。她认为，城市街道和地区的多样性由以下条件构成：地区内部至少要有两个以上的功能，以便让不同的人流使用共同的设施；区域空间内大多数街道要足够短，以便人们很容易拐弯；一个地区的建筑物应该包括适当比例的老建筑，以便保留和唤起人们对城市的记忆；人流的密度要达到足够高的程度，以便人们很便捷地交往。她为我们畅想了这样的城市街景：孩子们在公共空间中嬉戏玩耍、邻居们在街边店铺前散步聊天，街坊们在上班途中会意地点头问候……[①]不同的人，甚至同一个人，在不同时间、不同地点、不同环境对于城市居住空间的需求都是不同的，因此，城市要尽可能多样化以满足人们不同的居住空间需求。多样和差异的居住空间的现实存在可以破除资本同质化生产逻辑的奴役，同时为实现主体本真生活状态的回归提供了现实机遇。因此，差异性和多样性既是城市居住空间生产的动力源泉，也是城市居住空间的天性。

任平教授认为，当前我国社会符合差异性社会的基本特征，即人们在物质上的长远利益和根本利益趋向一致，眼前利益和局部利益表现为若干的差异。差异性社会，它既不同于同质性社会，存在着物质利益的种种差别和利益对抗，在市场经济条件下存在着利益集团的分层；又不同于对抗性社会，因为在大部分条件下，物质利益不表现为对抗，只表现为差异。[②] 差异性社会如何追求公平正义？罗尔斯的正义原则主要强调的是分配正义。根据我国国情，城市居住空间的生产与分配，最根本的是实行差异性的正义。平等正义原则是指相同的人得到相同的对待，差异性正义原则则是指不同的人通过符合比例原则而得到不同的对待。“差异的正义不是不要公平，恰

① [加]简·雅各布斯：《美国大城市的死与生》，金衡山译，译林出版社2006年版，第150页。
② 任平：《差异性社会与当代中国社会发展》，《阅江学刊》2010年第3期。

好相反，是需要有多层的公平设计。”①它要求我们保障大众基本住房权利的同时，尊重劳动者的个体差异、个人贡献的大小不同，实现多劳多得，少劳少得，体现比例公平。习近平总书记指出：“全体人民共同富裕是一个总体概念，是对全社会而言的，不要分成城市一块、农村一块，或者东部、中部、西部地区各一块，各提各的指标，要从全局上来看。我们要实现14亿人共同富裕，必须脚踏实地、久久为功，不是所有人都同时富裕，也不是所有地区同时达到一个富裕水准，不同人群不仅实现富裕的程度有高有低，时间上也会有先有后，不同地区富裕程度还会存在一定差异，不可能齐头并进。这是一个在动态中向前发展的过程，要持续推动，不断取得成效。”②共同富裕的实现不是统一步调、统一标准、统一模式，中国特色社会主义城市居住空间正义的实现也应该体现差异性原则。中国特色社会主义的城市居住空间生产与分配的结果是异质性并存的、“和而不同”的“差异的空间”。城市居住空间正义不是消除差异，而是通过价值指引和制度安排，推进对无压迫的群体差异的再生产和对无压迫的群体差异的尊重。构建社会主义和谐居住空间就是要承认差异性，尊重差异性，谋求多元利益群体空间之间的“重叠共识”或“交叉共识”。

二、派生原则

属人性原则、平等性原则、差异性原则作为中国特色社会主义城市居住空间正义三大基本原则分别派生出和谐性原则、开放性原则和补偿性原则，共同构成中国特色社会主义城市居住空间正义的基本原则体系。

（一）和谐性原则

作为属人性原则的衍生，中国特色社会主义城市居住空间正义的和谐性原则与中国的城市化、和谐社会建设紧密相连，由于中国城市化发展侧重于“短期内的经济绩效”，居住空间生产的过度商品化、资本化加剧了环境资源的污染浪费，致使人与自然的对立程度不断加剧，人居和谐严重缺失，城

① 任平《论差异性社会的正义逻辑》，《江海学刊》2011年第2期。

② 习近平：《习近平谈治国理政》（第四卷），人民出版社2022年版，第162—163页。

市社会、经济、生态等日渐脆弱。从城市规划学科的角度，吴志强提出“和谐城市”理论模型，认为“和谐城市”发展取决于三个平衡关系：一是城市人的空间欲望与自然环境之间的平衡，反映了城市与自然的依存关系；二是城市人的空间欲望与社会之间的平衡，体现了城市与社会之间的权益分配关系；三是城市人的空间欲望与实践进程的平衡，体现为城市与实践之间的进程关系。① 中国特色社会主义城市居住空间正义的和谐性原则的内涵主要包括人与自然和谐共生，人与社会和谐依存，现实与未来和谐共赢。人与自然的和谐共生是基础。城市居住空间改造了自然环境与生态系统，自然空间变成了人类的生产资料和改造对象，人地矛盾逐渐激化。城市居住空间正义要求将城市居住空间发展与自然环境保护相结合，构建绿色生态、环境友好的城市居住空间；人与社会的和谐依存是关键。马克思认为：“人的本质并不是单个人所固有的抽象物。在其现实性上，它是一切社会关系的总和。”②社会是由人构成的，人不可能脱离社会而存在。人只有与社会和谐依存，才能在社会中生存和发展。居住空间主体与社会和谐依存才能形成公平正义、安定团结、保障完善、运行有序的社会局面；现实与未来的和谐共赢是目标。强调城市居住空间的建设发展以不损害下一代的发展为前提。实现城市居住空间与城市文化、生态环境、经济社会发展相互协调、相互促进。

（二）开放性原则

作为平等性原则的衍生，中国特色社会主义城市居住空间正义的开放性原则基于城市空间是一个开放的、流动的系统，城市空间与外界不断进行着物质和精神文化上的交换与交流，构成一个人流、物流高效流动的开放统一市场。中国特色社会主义城市居住空间正义不仅要求起点的开放性，而且要求城市居住空间分配和再分配的开放性。城市居住空间的分配应以不损害社会底层人口的利益为基础，向所有城市居民开放。但是，随着城市居住空间商品化、资本化的发展，不同社会阶层市民间的居住空间隔离进一步

① 张文忠：《和谐宜居城市建设的理论与实践》，科学出版社 2016 年版，第 23 页。
② 《马克思恩格斯文集》（第 1 卷），人民出版社 2009 年版，第 501 页。

加剧，“精英形成了他们自己的空间，构成了象征隔绝的社区，躲藏在地方价格的物质障碍之后……他们有意或无意对外围成员封锁发展机会，来尽力维护和发展他们的现有的生活方式，形成空间的排斥性壁垒。”①“社会空间隔离的情形包括位居不同地方的区位以及只开放给精英的空间之安全控制，从文化的顶峰及其文化中心起始，组织了一系列象征性社会空间层级，而在一个隔离空间的层级性转移过程里，底层的管理者可以构成次级的空间社区，也将他们与其他人隔绝开来，以便模仿权力的象征并挪用这些象征，而这一切共同营造了社会空间的片段化。”②为了改变这一系列非正义现象，真正做到城市居住空间分配向所有城市居民开放，不仅要求大力发展居住空间生产力，还要求在空间规划决策上，建立开放的城市更新公众参与系统。从目前情况来看，我国城市规划中的公众参与主要以规划教育居多，辅助决策少，属于典型的“象征性的参与”。“市民无从得知他们的生活环境将会发生怎样的改变以及这样的改变究竟是怎样发生的，当然更谈不上去评价其是否具有合理性和合法地拒绝不合理的改变。”③因此，我们要构建出全新的开放式城市更新的公众参与体系，把公众参与贯彻到城市更新立项、规划、决策、建设乃至管理的每一个过程之中。

（三）补偿性原则

作为差异性原则的衍生，中国特色社会主义城市居住空间正义的补偿性原则基于城市居住空间的发展以不侵害市民的居住空间权益为前提，当为了“整体利益优先”而不得不侵占市民应得的居住空间权益时，居住空间主导者就需要进行一定的补偿以达到实质上的平等。

中国特色社会主义城市居住空间正义不仅要求在发展起点和发展机会上予以平等对待，更需要根据居住空间发展能力的差异进行相应矫治和补偿。因此，补偿性原则的缘起主要有两个方面：一是由于政策和制度的设计缺陷和“整体利益优先”的原则，确实不能避免对弱势群体造成居住空间

① 李志刚：《城市社会空间分异：倡导还是控制》，《城市规划学刊》2004 年第 6 期。

② ［美］曼纽尔·卡斯特：《网络社会的崛起》，夏铸九，王志弘等译，社会科学文献出版社 2003 年版，第 511 页。

③ 钱欣：《浅谈城市更新中的公众参与问题》，《城市问题》2001 年第 2 期。

权益的侵害，应该制定社会福利制度做出合理的补偿，维护弱势群体的居住空间生存和发展权益；二是由于人们存在自然天赋和社会条件方面的差异，“机会的平等可能会导致事实上的不平等”[①]，社会有责任和义务对弱势群体给予足够的人道关注和分配倾斜，经济社会发展的成果应当拿出一部分来对社会弱势群体进行补偿，以增强社会弱势群体利用和把握机会的能力。如果说差异性原则在一定程度上保证了经济效率，那么补偿性原则更加关注实质上的平等。[②] 城市居住空间正义需要更多地关注和保障弱势群体居住空间的发展权益，按照“有利于最不利者”原则，对他们由于无法控制的境遇造成的不利条件进行补偿，通过补偿原则来促进社会的整体协调发展，追求一种实质的平等。

① 张千帆主编：《宪法学》，法律出版社 2004 年版，第 237 页。

② 王志刚：《论空间正义的核心价值理念》，《求实》2016 年第 6 期。

第三章

中国特色社会主义城市居住空间正义的实践经验

本章以我国城市居住空间的建设发展为主要线索，按时间顺序对改革开放前后中国共产党的五代中央领导集体对城市居住空间正义的实践探索进行系统梳理，为当代中国城市居住空间正义的建构提供经验借鉴。

第一节　改革开放前中国共产党对城市居住空间正义的实践探索

一、以毛泽东同志为核心的党的第一代中央领导集体的探索

改革开放开创了中国特色社会主义，以毛泽东同志为核心的第一代中央领导集体为中国特色社会主义提供了宝贵经验、理论准备和物质基础。在长期的革命和建设实践中，毛泽东一直把改善民生、满足人民基本生活需要视为党和国家担负的最重要使命。早在延安时期，毛泽东就提出，我们的立党之本是“为人民服务”。“我们这个队伍，完全是为着解放人民的，是彻底地为人民的利益工作的。”①新中国成立以后，毛泽东进一步指出：党除了人民群众的利益外，没有任何自身特殊的利益。“共产党就是要奋斗，就是要全心全意为人民服务，不要半心半意或者三分之二的心三分之二的意为人民服务。”②具体到实践层面，全心全意为人民服务就是要求共产党要急

① 毛泽东文集(第 3 卷)，人民出版社 1996 年版，第 1004 页。
② 毛泽东文集(第 3 卷)，人民出版社 1996 年版，第 1004 页。

广大人民群众之所急，而对于老百姓的住房等基本生活资料不足等问题，党和政府更要全力以赴予以解决。毛泽东认为，发展经济、解放生产力是满足广大人民群众基本生活需要的重要基础。在中国共产党第八次全国代表大会上，毛泽东指出："我们国内的主要矛盾，已经是人民对于经济文化迅速发展的需要同当前经济文化不能满足人民需要的状况之间的矛盾。这一矛盾的实质，在我国社会主义制度已经建立的情况下也就是先进的社会主义制度同落后的社会生产力之间的矛盾。"这是因为"没有工业，便没有巩固的国防，便没有人民的福利，便没有国家的富强"①。所以，"中国应该发展成为近代化的国家，丰衣足食的国家，富强的国家，这就要解放生产力"。② 发展生产力的目的之一就是满足广大人民群体的基本生活需要。早在 1934 年，毛泽东就指出："增加农业生产；保障工人的利益……解决群众的穿衣问题，吃饭问题，住房问题，柴米油盐问题，疾病卫生问题，婚姻问题……一切群众的实际生活问题，都是我们应当注意的问题。"③住房问题成为毛泽东最为关注的群众的基本生活问题之一。毛泽东进一步强调不能为了发展生产而牺牲广大人民群众基本的生存需要，"必须把安排人民生活、安排公社积累和安排国家需要这三个方面的工作，同时统筹兼顾"④。中华人民共和国成立以后，针对当时只注重积累而忽视改善人民生活的情况，毛泽东多次强调要解决老百姓的基本生存问题，除了遇到特大自然灾害以外，在正常情况下，必须不断促进生产增长，在此基础上逐年增加广大人民群众的家庭收入，使他们的生活逐步得到改善。⑤ 毛泽东时代在城市居住空间正义方面进行了以下积极的探索：

（一）实行私有房地产公有化

1949 年前，城市住房以私有制为主。新中国成立后，根据 1949 年 5 月《中国人民解放军公告》和 9 月《中国人民政治协商会议共同纲领》，1951

---

① 毛泽东文集（第 3 卷），人民出版社 1991 年版，第 1080 页。

② 毛泽东文集（第 3 卷），人民出版社 1996 年版，第 43 页。

③ 毛泽东文集（第 3 卷），人民出版社 1991 年版，第 136 页。

④ 《建国以来毛泽东文稿》（第八册），中央文献出版社 1994 年版，第 73 页。

⑤ 毛泽东文集（第 7 卷），人民出版社 1999 年版，第 221 页。

年，中央人民政府政务院颁布了《关于没收战犯、汉奸、官僚资本家和反革命分子的财产的指示》和《关于没收反革命犯罪财产的决定》等政策、法令和文件，新中国人民政府接管、没收了大批帝国主义、官僚资本家、战犯、汉奸、反革命分子城市占有的土地和房地产。另外，政府还接收了外国侨民解放前在城市中购置的房地产，在此基础上形成了新中国成立初期的公有房地产。1953年—1957年通过私营房地产业公私合营和私有房产的社会主义改造两个步骤完成了城市私有房地产的公有化，最终实现城市房地产私有制改变为公有制。为城市居民"居者有其屋"提供了强大的制度保障，受到了广大民众的欢迎，增强了民众对社会主义制度的拥护。

（二）实行住房投资建设的全面公共性

以发展公有住房为出发点，住房建设由政府和企事业单位统一投资建造，纳入固定资产投资范畴。投资基金来源于政府财政拨款和企事业单位的部分福利基金，投资形成的住房固定资产归公共所有，即为公有住房。职工个人不承担住房建设投资的责任，分配所得的住房则享有无限期的租赁使用权。

（三）实行住房分配的"国家福利制"

随着社会主义改造的完成，大多数住房收归国家所有，实施"统一管理，统一分配，以租养房"的公有住房实物分配制度。全国城镇地区住房投资90%以上由各级政府解决，实行住房分配的"国家福利制"，总体特征可以概括为：国家投资、国家建设、国家分配、低租金。住房的面积大小主要依据是职工结婚与否、工龄长短、职务级别、家庭人口数等因素来决定。国家主导的住房建设和福利分配制度是比较符合当时的国情，基本兼顾了生产和生活。随着大量的城市住房建设，城市居民的住房状况得到了一定改善。

（四）实行住房经营的非营利性

城市住房的所有制形式是公私并存。住房的流转限于私有出租房，私房的所有者在满足自己自用需求后将住房出租给无房居民。福利分配的住房的流转基本限于所依附的单位内部，单位内部职工换房要腾退原公房，职工调至新单位也要腾退原公房，在新单位享受福利分房。[①] 这一时期公房私租、私售被严格禁止，公有住房不允许进入市场买卖，职工分到住房后只需要缴纳极低的房租。否认住房的商品性，实行非市场化经营，排斥市场交换和市场机制调节，采用低租金使用制。所有人的住房问题全部依赖单位（政府）来解决，形成“投资找国家、分配按计划、使用无代价、维修管理单位化”的城市住房发展模式。

总之，毛泽东时代主要依靠国家权力实现城市居住空间正义。在社会主义计划经济体制下，中国的城市住房制度是一种靠国家统筹统建、统一分配的福利性制度，居民对住房的拥有完全靠社会再分配体系的运作。[②] 这种住房分配制度是社会主义公有制下对城市公共空间建设改造的一种探索性体现，是为解决城镇居民“居者有其屋”的问题而设计和实施，但这种住房分配是一种低水平的分配方式，集中体现为政府负担过重、住宅投资不足、住房质量不高。[③] 这种计划经济时期“国家包办”的住房制度在一定程度上为我国新中国成立初期城市居民的基本生活提供了保障，维护了当时社会的稳定。

第二节　改革开放后中国共产党对城市居住空间正义的实践探索

由于改革开放前传统的住房分配方式属于二次分配范畴，住房建设和维护的成本几乎全部由国家和各单位负担，导致国家和各单位负担过重。同时，住房分配的标准以职工结婚与否、工龄长短、职务级别、家庭人口数为主要依据，很少考虑职工的工作表现，这种福利分配方式背离按劳分配、多劳多得、少劳少得的原则。住房标准按职级区分，住房大小成为部分人显示特权的象征，强化了等级观念，隐含着住房的分配不公。采用行政手段调节住房的供应和分配，使市场机制在住房领域不能发挥其对资源配置的基础

① 沈玲：《新中国城市住房供给制度的变迁及思考》，中共中央党校博士学位论文2012年。
② 边燕杰：《“单位制”与住房商品化》，《社会学研究》1996年第1期。
③ 黄俊峰：《低收入群体住房保障中的政府责任研究》，湖南师范大学博士学位论文2015年。

性作用，制约了住宅市场及其产业链的发展。这样的机制设计在一定程度上抑制了房屋的有效供给，加重了国家和地方财政的收支负担，住房严重短缺和住房分配腐败等社会问题不断显现。[①] 这些弊端催生了改革开放后住房供给制度的一系列改革。

一、以邓小平同志为核心的党的第二代中央领导集体的探索

1978 年 12 月召开的十一届三中全会把全党工作的着重点和全国人民的注意力转移到社会主义现代化建设上来。邓小平对如何解决广大人民群众的基本生活问题逐渐形成了一系列较为系统的认识。邓小平指出，社会主义的发展必须以不断改善老百姓的生活为基本目标，以最终实现共同富裕为根本目标。“坚持社会主义的发展方向，就要肯定社会主义的根本任务是发展生产力，逐步摆脱贫穷，使国家富强起来，使人民生活得到改善。”[②]“社会主义的根本任务是解放生产力、发展生产力、消灭剥削、消除两极分化，最终达到共同富裕。”[③]“社会主义最大的优越性就是共同富裕，这是体现社会主义本质的一个东西。”[④]“社会主义的目的就是要全国人民共同富裕，不是两极分化。”[⑤]在“三个有利于”标准中，“人民生活水平”标准进一步明确，住房是老百姓日常生活最基本的生活需求，住房问题不解决，提高人民生活水平也就无从谈起，人民不可能满意。随着城市化进程的加快，严峻的城市住房形势，不堪重负的国家财政，促使国家拓展新的住房投资和建设主体，催生了对城市住房属性和建筑业的新认识。邓小平在《关于建筑业和住宅问题》谈话中指出：“从多数资本主义国家看，建筑业是国民经济的三大支柱之一，这不是没有道理的。过去我们很不重视建筑业，只把它看成是消费领域的问题。建设起来的住房，当然是为人民生活服务的。但是这种生产消费资料的部门，也是发展生产、增加收入的重要产业部门。要改变一个观念，就是认为建筑业是赔钱的。应该看到，建筑业是可以赚钱的，是可以

① 张协奎、樊光义：《论习近平新时代住房发展观》，《财经科学》2020 年第 3 期。
② 《邓小平文选》(第三卷)，人民出版社 1993 年版，第 264—265 页。
③ 《邓小平文选》(第三卷)，人民出版社 1993 年版，第 373 页。
④ 《邓小平文选》(第三卷)，人民出版社 1993 年版，第 364 页。
⑤ 《邓小平文选》(第三卷)，人民出版社 1993 年版，第 172 页。

为国家增加收入、增加积累的一个重要产业部门。所以在长期规划中，必须把建筑业放在重要地位。与此相联系，建筑业发展起来，就可以解决大量人口的就业问题，就可以多盖房，更好地满足城乡人民的需要。随着建筑业的发展，也就带动了建材工业的发展。”[①]由此，对建筑业的认识由“生产消费资料部门”转变为“能够发展生产增加收入增加积累解决就业”的重要产业部门。邓小平认为：“要考虑城市住房建设、住房分配的一系列政策。城镇居民个人可以购买住房，也可以自己盖。不但新房子可以出售，老房子也可以出售。可以一次付款，也可以分期付款，10 年、15 年付清。住房出售以后，房租恐怕要调整。要联系房价调整房租，使人们考虑到买房合算，因此要研究逐步提高房租。房租太低，人们就不买房子了。繁华的市中心和偏僻地方的房子，交通方便地区和不方便地区的房子，城区和郊区的房子，租金应该有所不同。将来房租提高了，对低工资的职工要给予补贴。这些政策要联系起来考虑。建房还可以鼓励公私合营或民建公助，也可以私人自己想办法。农村盖房要有新设计，不要老是小四合院，要发展楼房。平房改楼房，能节约耕地。盖什么样的楼房，要适合不同地区、不同居民的需要。”[②]整篇谈话不仅充分体现了推进住房商品化、逐步提高职工家庭解决自住住房能力的指导思想，而且提出了住房制度改革和住房政策的基本内容，如城市住宅建设、住房分配、调整房租、住房出售、分期付款、房价制定以及对低收入者的住房保障政策等，指明了中国特色社会主义城市居住空间正义的实践方向。

（一）住房建设主体多元化

鉴于改革开放初期，福利分房导致的住房供给不足，严峻的城市住房状况引起党中央高度重视。1978 年 9 月，城市住宅建设会议在北京召开，会议传达了邓小平的意见，“解决住房问题能不能路子宽些，譬如允许私人建房或者私建公助，分期付款，把私人手中的钱动员出来，国家解决材料，这方

① 《邓小平关于建筑业和住宅问题的谈话》发表纪实[EB/OL].http://news.163.com/10/0430/12/65H3DRDC000146BD.html.

② 《邓小平关于建筑业和住宅问题的谈话》发表纪实[EB/OL].http://news.163.com/10/0430/12/65H3DRDC000146BD.html.

面潜力不小。”①从1978年9月开始，国家拓宽住房建设的投资渠道，城市住房资金的来源拓展为财政拨款、企业自筹和个人投资三个方面，单位自建和私人建房普遍出现。1988年2月，国务院在《关于在全国城镇分期分批推行住房制度改革的实施方案的通知》中指出：“暂时没有进入改革行列的城镇，要积极创造条件，先实行新房新租，旧房超标准加租，以及集资建房，组织建房合作社等单项改革。”以后的国务院房改文件中，都把集资合作建房作为重要的内容之一，从政策的连续性可以看出国家对集资合作建房的支持。

（二）逐步实现住房商品化

1980年邓小平提出关于房改的问题，开启了我国住房制度改革进程。第一，公有住房出售。邓小平提出“不但新房可以出售，老房子也可以出售”。在邓小平允许“公有住房出售”谈话精神的指引下，我国走上了发展居住空间商品化的道路。第一阶段新建住房出售（1979—1981年），将新建住房以建设成本价出售给城市居民。第二阶段补贴式新房出售（1982—1985年），购买者出资住房1/3的价格，国家和单位补贴2/3，出售的仅仅是“使用权”，购买居民拥有居住以及继承权，无权将住房在市场上出售。第三阶段广泛的住房改革试验（1986—1988年），提高公共住房领域的租金和对公共租房的私有化（房改房）②；第二，调整公房租售比价。邓小平指出：“要联系房屋调整房租。房租太低，人们就不买房子了。繁华的市中心和偏僻地方的房子，交通方便和不方便地区的房子，城区和郊区的房子，租金应该有所不同。”③在邓小平关于调整公房租金思想的指引下，1884年，国家有关部门形成“提租补贴”的思路和改革措施，即“提高房租，增加工资，变暗贴为明补，变住房实物分配为货币分配，通过提高租金促进售房。”实行现金补贴更好地体现了效率和公平的原则。第三，发展房地产金融。邓小平指出城镇

① 上海市民一家变迁折射中国住房改革30年[EB/OL].http://news.sina.com.cn/c/2008-10-20/135716488621.shtml.

② 胡毅、张京祥：《中国城市住区更新的解读与重构——走向空间正义的空间生产》，中国建筑工业出版社2015年版，第46页。

③ 《中国建筑年鉴》1984—1985年卷。

居民买房"可以一次付款,也可能分期付款,10 年、15 年付清。"在这一讲话精神的指引下,国务院住房制度改革领导小组出台了《关于全国城镇分期分批推行住房制度改革实施方案》,各专业银行相继在总行、管理行、经办行成立了房地产信贷部,开展房地产集资、筹资、融资活动。

(三)承认并保护住房有限产权

随着住房投资建设主体的多元化,住房权利结构也相应发生变化。在商品化试点中,一部分个人或家庭拥有了住房所有权,另一部分个人或家庭对购买的住房只拥有有限的所有权,不能出售,住房的流通受到限制。这部分购房者购买此类住房时只支付了售价的 1/3,其余部分由国家和企业补贴,因此,购房者只能对住房占有、使用和利用其获得收益、可以继承,但是处分受到限制即不能出售。职工以优惠价购买的旧房,五年后才允许进入市场出售,原出售单位有优先购买权,个人只应得所付的优惠价占综合造价比例的部分,其实质是部分产权。由住房合作社和社员个人共同出资建设的,其产权为合作社与社员个人共同所有。[①] 合作住房的流转受到严格限制,只限于合作社内部的流转。合作住房不得向社会出租、出售。当社员家庭不需要合作住房时,须将其退给本合作社。[②] 少部分没有购买公房的职工和租住私房的居民对其居住的住房享有使用权,没有所有权。随着住房供给制度改革的开展和住房建设速度的加快,住房买卖由开始只允许购买私房,发展为私买公房、公买私房和公买公房等各种形式。各种限制逐渐突破,房地产交易、租赁和调换的活动日益频繁。[③]

二、以江泽民同志为核心的党的第三代中央领导集体的探索

作为党的第三代中央领导集体核心,江泽民高度重视民生问题,提出了众多新观点,实践了一系列新政策,推动了广大人民群众的生活水平不断改

① 城镇住宅合作社管理暂行办法。[EB/OL].http://news.zhulong.com/database/news/2007/06/13/513317858.htm.

② 城镇住宅合作社管理暂行办法[EB/OL].http://news.zhulong.com/database/news/2007/06/13/513317858.htm.

③ 白永秀:《陕西现代市场体系研究》,陕西师范大学出版社 1996 年版,第 226 页。

善。江泽民认为，在改善和提高人民生活水平方面，必须坚持“始终代表中国最广大人民的根本利益”这一根本理念。“党的一切工作，必须以最广大人民的根本利益为最高标准。”“党除了最广大人民的利益，没有自己特殊的利益。”①江泽民强调：“人总要先解决衣食住行的基本需要，才能干别的事；先要生存，然后才能发展；先要维持人的再生产能力，才能进行社会的再生产。这是马克思主义唯物论最基本的道理。”②“在发展经济的基础上，努力增加城乡居民的收入，不断改善人们的吃、穿、住、行、用的条件，完善社会保障体系，改进医疗卫生条件，提高生活质量”③只有这样才能逐步完成全面小康社会的建设目标。在党的十六大报告中，江泽民提出当前的努力目标“人民的政治、经济和文化权益得到切实尊重和保障。基层民主更加健全，社会秩序良好，人民安居乐业。”④江泽民时期，我国住房供给制度改革在南方讲话、市场经济体制建立和 97 年东南亚金融危机的背景下深入推进。1994 年，国务院下发了《国务院关于深化城镇住房制度改革的决定》确定了房改的根本目标是：建立与社会主义市场经济体制建设相适应的新的城镇住房制度，实现住房商品化、社会化，加快住房建设，改善居住条件，满足城镇居民不断增长的住房需求。同时要求全面推行住房公积金制度，积极推进租金改革，稳步出售公房，加快经济适用住房的开发建设。江泽民时期，建立了政策性和商业性并存的住房信贷体系和多层次的住房供应体系，建立了住房公积金制度，推行了“安居工程”，对中国特色社会主义城市居住空间正义的实践路径进行了进一步探索。⑤

（一）建立多层次的社会保障体系

党的十四届三中全会审议通过的《中共中央关于建立社会主义市场经济体制若干问题的决定》指出：“建立多层次的社会保障体系，对于深化企业和事业单位改革，保持社会稳定，顺利建立社会主义市场经济具有重大意

① 《江泽民文选》（第三卷），人民出版社 2006 年版，第 280 页。

② 《江泽民文选》（第三卷），人民出版社 2006 年版，第 512 页。

③ 《江泽民文选》（第三卷），人民出版社 2006 年版，第 294 页。

④ 江泽民同志在党的十六大上所作报告全文[EB/OL].共产党员网 https://fuwu.12371.cn/2012/09/27/ARTI1348734708607117.shtml.2002 - 11 - 8.

⑤ 罗应光：《住有所居：中国保障性住房建设的理论与实践》，中共中央党校出版社 2011 年版。

义。""社会保障体系包括社会保险、社会救济、社会福利、优抚安置和社会互助、个人储蓄积累保障。"①新型社会保障框架包括：(1)社会保险：职工养老保险、失业保险、医疗保险、工伤保险、生育保险、公务员养老保险、农民养老保险；(2)社会救济：自然灾害救济、最低生活保障制度、乡村"五保"制度等；(3)社会福利：全民福利、残疾人福利、老年人福利、妇女儿童福利、军人福利、教育福利、住房福利；(4)优抚安置：军人抚恤、退伍军人安置、军属优待等；(5)社会互助：社区互助、民间机构互助等其他制度公务员医疗补助、住房公积金等。党的十五届五中全会《中共中央关于制定国民经济和社会发展第十个五年计划的建议》提出："改善生活环境质量，提高医疗保障水平，建立良好的社会秩序，保障人民安居乐业。""要加快形成独立于企业事业单位之外、资金来源多元化、保障制度规范化、管理服务社会化的社会保障体系。""完善的社会保障制度是社会主义市场经济体制的重要支柱，关系到改革、发展、稳定的全局"。② 党的十六届五中全会《中共中央关于制定国民经济和社会发展第十一个五年计划的建议》提出："加快完善社会保障体系。建立健全与经济发展水平相适应的社会保障体系，合理确定保障标准和方式。"③社会保障体系作为政府向居民提供的一种公共产品，其效用就是通过支付转移的方式实现社会收入的再分配，使广大中低收入和最低收入居民家庭也能够享受经济发展的利益，保持分配公平和社会稳定。这一体系为城市居住空间正义的实现奠定了实践基础。

(二) 建立住房公积金制度

住房公积金是指国家机关、国有企业、城镇集体企业、外商投资企业、城镇私营企业及其他城镇企业、事业单位、民办非企业单位、社会团体及其在职职工缴存的长期住房储金。为了有效解决住房问题，我国借鉴新加坡的经验，全面推行住房公积金制度。上海于 1991 年率先进行了住房公积金制

---

① 中共中央关于建立社会主义市场经济体制若干问题的决定[EB/OL].人民网，http://www.people.com.cn/item/20years/newfiles/b1080.html.1993-11-14.

② 关于制定国民经济和社会发展第十个五年计划建议的说明[EB/OL].中国政府网，http://www.gov.cn/gongbao/content/2000/content_60547.htm.2000-10-9.

③ 中共中央关于制定国民经济和社会发展第十一个五年规划的建议[EB/OL].中国政府网，http://www.gov.cn/ztzl/2005-10/19/content_95091.htm.2005-10-19.

度的试点，相继在全国推广。1996 年，国务院办公厅发布《国务院住房制度改革领导小组关于加强住房公积金管理的意见》，标志着住房公积金制度开始全面推广。1999 年，国务院第 262 号令公布了《住房公积金管理条例》，标志着我国住房公积金制度进入制度化、法制化、规范化的轨道。2002 年，国务院第 350 号令对《住房公积金管理条例》进行了进一步修订。2005 年，国家财政部、建设部和中国人民银行联合发布了《关于住房公积金管理若干具体问题的指导意见》，对公积金制度予以进一步完善。作为一种住房保障制度，公积金制度建立以来，有效解决了住房市场化过程中出现的高房价与职工低收入的矛盾，助推了我国住房制度改革，提高了城镇职工的居住水平，加快实现人民群众安居乐业。

（三）实施国家安居工程

1994 年《国务院关于深化城镇住房制度改革的决定》提出，实施国家安居工程，使人民安居乐业，使社会繁荣稳定。此后，许多城市都研究制定了房改实施方案，并根据当地的实际情况，先后实施了安居或康居等工程，加快了经济适用住房建设，加快了解危解困步伐。为贯彻落实《国务院关于深化城镇住房制度改革的决定》的精神，1995 年国务院住房制度改革领导小组在认真总结各地的经验后，制定了《国家安居工程实施方案》。《国家安居工程实施方案》提出了加快解决中低收入家庭住房困难户的居住问题，建立具有社会保障性质的住房供应体制，在住房制度改革中首次明确提出了住房保障方面的问题。安居工程的开发建设纳入国家固定资产投资规模，由国家提供 50 亿元贷款作为启动资金，实施国家安居工程在推动房改、加快经济适用住房建设、加快建立新的城镇住房制度方面，具有政策性和示范性效应。

三、以胡锦涛同志为总书记的党中央的探索

党的十六大以来，胡锦涛同志高度重视民生问题，先后提出以人为本、五个统筹、科学发展观，建设社会主义新农村、构建社会主义和谐社会等一系列战略思想。胡锦涛指出："坚持以人为本，就是要实现人的全面发展为目标，从人民群众的根本利益出发谋发展、促发展，不断满足人民群众日益

增长的物质文化需要，让发展的成果惠及全体人民。”[①]“必须在经济发展的基础上，更加注重社会建设，着力保障和改善民生，推进社会体制改革，扩大公共服务，完善社会管理，促进社会公平正义，努力使全体人民学有所教、劳有所得、病有所医、老有所养、住有所居，推动建设和谐社会。”[②]如何实现“住有所居”？胡锦涛在党的十七大报告中指出：“健全廉租住房制度，加快解决城市低收入家庭住房困难。”[③]为了实现“住有所居”，胡锦涛高度关注保障性住房的建设进展。2007 年 12 月 17 日，胡锦涛在新进中央委员会的委员、候补委员学习贯彻党的十七大精神研讨班开班时的讲话中强调：“坚持以人为本，以解决人民最关心、最直接、最现实的利益问题为重点，着力发展社会事业，着力完善收入分配制度，保障和改善民生，走共同富裕道路，努力形成全体人民各尽其能、各得其所而又和谐相处的局面。”[④]2008 年 1 月 1 日，胡锦涛在全国政协新年茶话会上的讲话中再次强调指出：“我们要加快推进以改善民生为重点的社会建设，扩大公共服务，完善社会管理，落实教育优先发展的政策措施，实施扩大就业的发展战略，合理调节国民收入分配，完善社会保障体系，加快建立基本医疗制度，着力解决城市低收入家庭住房困难，切实维护社会稳定，促进社会和谐。”[⑤]2010 年 11 月 30 日，胡锦涛在中南海党外人士座谈会上指出要加快保障性住房建设，加强房地产市场调控。2010 年、2011 年胡锦涛考察北京丽景园小区经济适用住房、天津市北辰区秋怡家园公共租赁住房以及广州市白云区的金沙洲保障性住房时反复强调对保障性住房这样的民生大事，各级党委和政府都要负起责任，注意土地、资金、工程质量、分配和配套设施等方面的问题，努力使广大人民群众满意。胡锦涛时期，“以人为本”“和谐社会”等执政理念贯彻到住房领域。

---

① 《胡锦涛在中央人口资源环境工作座谈会上的讲话》，《人民日报》2004 年 4 月 5 日。

② 胡锦涛：《高举中国特色社会主义伟大旗帜 为夺取全面建设小康社会新胜利而奋斗》，人民出版社 2007 年版，第 8—20 页。

③ 胡锦涛：《高举中国特色社会主义伟大旗帜 为夺取全面建设小康社会新胜利而奋斗》，人民出版社 2007 年版，第 40 页。

④ 胡锦涛在新进中央委员会的委员、候补委员学习贯彻党的十七大精神研讨班开班式上发表重要讲话[EB/OL].中国经济网，http://www.ce.cn/xwzx/gnsz/szyw/200712/18/t20071218_13951284.shtml.2007 - 12 - 18.

⑤ 胡锦涛在全国政协新年茶话会上的讲话[EB/OL].中国政府网，http://www.gov.cn/ldhd/2008—01/01/content_848445.htm.2008 - 01 - 01.

1998年6月，国务院颁布了《关于进一步深化城镇住房制度改革加快住宅建设的通知》，明确提出建立和完善以经济适用房为主的住房供应体系，在制度上保证各收入阶层的住房需求，实现“人人享有适当的住房”的目标。对不同收入家庭实行不同的住房供应政策，最低收入家庭租赁由政府或单位提供的廉租住房，中低收入家庭购买经济适用住房，其他收入高的家庭购买、租赁市场价商品住房。构建了多层次的住房供应体系，进一步深化了住房保障制度改革，完善了住房保障体系。具体来说，这一时期促进城市居住空间正义的主要举措有：

（一）发展经济适用住房

1998年《国务院关于进一步深化城镇住房制度改革加快住房建设的通知》提出“建立和完善以经济适用住房为主的多层次城镇住房供应体系”，经济适用房成为住房发展的重点，集资合作建房被纳入经济适用房建设体系，政府采取扶持政策加快经济适用房建设。经济适用房是我国在城镇住房体制改革过程中适应新的经济形势，由政府推出的房产种类，具有社会保障性和商品性双重属性。在经济适用房建设的计划、规划、拆迁、税费等方面，得到政府的政策扶持、资金减免和税收优惠，价格相对商品房要低，供应对象是中低收入家庭住房困难户。新建的经济适用房，只售不租，出售价格实行政府指导价，以使经济适用住房价格与中低收入家庭的承受能力相适应，促进居民购买住房。2007年12月，国家建设部等七部门联合发布《经济适用住房管理办法》，将经济适用房住房供应对象从中低收入家庭调整为低收入家庭。为了改变经济适用住房只售不租的状态，各地政府积极探索经济适用住房租售并举政策，对于符合购买条件的中低收入家庭，可根据自己的经济能力，结合公积金配套支持以及购房贷款贴息等优惠政策，自主选择是购买还是租住经济适用住房。经济适用房更多地解决了中低收入者住房问题，优化了房地产市场的供应结构，促进了住房公平和社会稳定。

（二）发展廉租住房

1998年《国务院关于进一步深化城镇住房制度改革加快住房建设的通知》提出“最低收入家庭租赁由政府或单位提供的廉租住房”。廉租房主要是指政府以租金补贴为主、实物配租和租金减免为辅的方式，向符合城镇居民最低生活保障线以下及住房困难的家庭提供社会保障性质的住房。廉租房只租不售，出租给城镇居民中最低收入者。为了切实解决城镇最低收入家庭的住房问题，国家建设部于 1999 年发布《城市廉租住房管理办法》，对廉租房的房源、租金标准、建设和申请程序等问题作出了明确规定。2007 年 8 月，以国务院颁发《关于解决城市低收入家庭住房困难的若干意见》为标志，保障房建设被赋予重要地位，“建立健全城市廉租住房制度”被提高到战略高度予以执行。

（三）加大对低收入家庭住房消费的扶持力度

对以市场价租赁住房的困难家庭实行租金补贴政策，补贴资金主要由职工所在单位核发，退休人员和无业人员可由财政给予补贴，补贴标准应与廉租房政策有所区别。

（四）发展公共租赁住房

2010 年《关于加快发展公共租赁住房的指导意见》正式将“公共租赁住房”纳入我国住房保障政策体系中。公共租赁住房是政府提供政策支持，面向城镇中低收入住房困难家庭等群体出租的一种保障性住房。它的作用主要是解决无力通过市场租赁或购买住房的家庭、新就业无房职工和在城市中有稳定就业的外来务工人员，将保障性住房未涵盖的缺漏层纳入我国住房保障体系之中。这让买不起商品房和经适房，不符合申请经适房和廉租房条件的“夹心层”的住房有了着落。公租房由政府或公共机构所有，承租人只能用来自住，不得出借、转租或闲置。[①] 2011 年，国务院发布了《关于保障性安居工程建设和管理意见》，从总体要求和基本原则、以公共租赁住房为重点、落实土地和资金的政策支持、住房质量、分配和运营机制、问责制等六个方面部署了“十二五”期间的保障房工作。这是继 2007 年国务院出台《关于解决城市低收入家庭住房困难的若干意见》后，首次专门针对住房保障具体操作的正式文件。

---

① 关于加快发展公共租赁住房的指导意见[EB/OL].http://www.gov.cn/gzdt/2010-06/13/content_1627138.htm.

四、以习近平同志为核心的党中央的探索

党的十八大以来，以习近平同志为核心的党中央牢记为人民谋幸福的初心，紧紧围绕人民对美好生活的向往，着力解决人民群众最关心最直接最现实的问题，不断增强人民群众的获得感、幸福感、安全感。习近平总书记指出："住房问题既是民生问题也是发展问题，关系千家万户切身利益，关系人民安居乐业，关系经济社会发展全局，关系社会和谐稳定。"①"经过长期努力，我国住房发展取得巨大成就。同时，我们也要看到，解决群众住房问题是一项长期任务，还存在着住房困难家庭的基本需求尚未根本解决、保障性住房总体不足、住房资源配置不合理不平衡等问题。人民群众对实现住有所居充满期待，我们必须下更大决心、花更大气力解决好住房发展中存在的各种问题。"②进入新时代，我国社会的主要矛盾转变为人民日益增长的美好生活需要和不平衡不充分的发展之间的矛盾，在城市居住空间领域表现尤为突出，不断高涨的房价使得新市民和城市低收入居民未能很好地解决基本居住问题。习近平总书记在党的十九大报告中指出："坚持房子是用来住的、不是用来炒的定位，加快建立多主体供给、多渠道保障、租购并举的住房制度，让全体人民住有所居。"③在党的二十大报告中习近平总书记再次强调："坚持房子是用来住的、不是用来炒的定位，加快建立多主体供给、多渠道保障、租购并举的住房制度。"④这是对新时代城市居住空间正义实践路径的权威总结和深刻诠释，充分体现了以人民为中心的居住空间发展思想。明确住房投资建设的根本目的是满足人民的居住需求，而绝不是用来炒买炒卖投机赚钱的，牢固树立以人民为中心的发展思想，坚持把满足人民的居住空间需求、提高人民的居住水平作为发展住房建设的出发点和归宿点，这是我国住房制度改革和长效机制建设的根本性指导思想，也是构建新时代中国特色社会主义城市居住空间正义的根本指导思想。

---

① 习近平：《习近平谈治国理政》，外文出版社 2014 年版，第 119 页。

② 习近平：《习近平谈治国理政》，外文出版社 2014 年版，第 119 页。

③ 习近平：《决胜全面建成小康社会夺取新时代中国特色社会主义伟大胜利——在中国共产党第十九次全国代表大会上的报告》，人民出版社 2017 年版，第 47 页。

④ 习近平：《高举中国特色社会主义伟大旗帜为全面建设社会主义现代化国家而团结奋斗——在中国共产党第二十次全国代表大会上的报告》，人民出版社 2022 年版，第 48 页。

（一）深化住房供给侧结构性改革

党的十九大提出“住有所居”的目标，针对的是改革开放40多年来，随着居民收入提高，住房建设的发展，已有90%左右的居民拥有了产权房，关于居住生活的主要矛盾已经从人民群众日益增长的住房需求同住房生产落后、供应不足的矛盾，转化为人民群众对美好居住生活的需要与不平衡、不充分住房供给之间的矛盾，应着力解决地区之间住房供求不平衡、人群之间住房差距过大的问题。也就是说，矛盾的主要方面变为住房供应质量、功能和美好的环境等，因而需要加快住房供给侧结构性改革，更加注重提高住房的质量，以满足人民对美好居住生活的需要。住宅发展应从数量型扩张阶段，转向注重品质和环境的高质量发展阶段。“住有所居”既包括购买拥有产权的商品房，也包括租住仅有使用权的租赁房，既包括满足基本的居住需求，也包括居住水平的不断提高。如何进一步深化住房供给侧结构性改革？2013年中央政治局集体学习中首次提出“供应体系建设”①。住房供给为消费需求服务，住房消费结构制约住房供给结构。一是住房供给结构要与居民收入结构相适应。居民收入分为高、中、低多个层次，商品房供给价格要与不同收入者的承受能力相适应，需要降低过高房价，形成合理的房价收入比；二是住房供给结构要与住房消费需求结构相适应。居民的住房需求分为高档房、中档房、低档房等多个需求层次，住房的房型、户型结构和面积结构要与不同层次的住房消费需求结构相适应。住房供给侧结构性改革要求形成真正能反映住房消费需求的、结构合理的住房供给结构。②

（二）房住不炒加强房地产市场分类调控

2016年中央经济工作会议提出，坚持“房子是用来住的，不是用来炒的”的定位，强调住房回归居住属性，住房应主要作为消费品满足人们的居住需要，而不应作为短期投机形成房产泡沫甚至造成泡沫经济，对国民经济造成不利影响。这一观点的提出，吹响了新一轮房地产调控的号角。之后

① 黄燕芬、张超：《加快建立“多主体供给、多渠道保障、租购并举”的住房制度》，《价格理论与实践》2017年第11期。

② 陈伯庚：《新时代中国特色社会主义住房制度创新——党的十九大报告启示》，《上海房地》2018年第2期。

各城市针对因投机引起的房价上涨，出台了一系列房地产调控的具体措施，大都采取一些交易上的限制或直接管制价格等应急性的措施，比如直接的限购、限价措施或间接地通过金融、财税等措施限制交易，这些措施仅有短期效果，长期来看不能从根本上解决问题。2017 年中央财经小组第十五次会议提出，深入研究短期和长期相结合的长效机制和基础性制度安排，通过一揽子政策组合，引导投资行为，合理引导预期，保持房地产市场稳定。说明房地产调控应着重考虑采取长期的结构性制度以及多种政策的配合予以解决，只有长期的结构性制度或长效机制与基础性制度变革，如增加住房用地供应、房地产税制改革以及住房、土地使用制度改革等，才能从根本上解决问题。2018 年中央经济工作会议提出，要构建房地产市场健康发展长效机制，坚持房子是用来住的、不是用来炒的定位，因城施策、分类指导，夯实城市政府主体责任，完善住房市场体系和住房保障体系。在中央经济工作会议精神的基础上各地形成了因城施策和“一城一策”房价调控模式，积极落实地方主体责任，牢牢坚持房子是用来住的，不是用来炒的定位，构建完善的房地产长效机制，着力稳定房价和预期，坚持租购并举，增加住房供应，调整住房需求，加强市场监管，促进本市房地产市场平稳健康发展。2019 年中央经济工作会议强调，要坚持房子是用来住的、不是用来炒的定位，全面落实因城施策，稳地价、稳房价、稳预期的长效管理调控机制，促进房地产市场平稳健康发展。2020 年中央经济工作会议提出，解决好大城市住房突出问题。住房问题关系民生福祉。要坚持房子是用来住的、不是用来炒的定位，因地制宜、多策并举，促进房地产市场平稳健康发展。2021 年中央经济工作会议提出，要坚持房子是用来住的、不是用来炒的定位，加强预期引导，探索新的发展模式，坚持租购并举，加快发展长租房市场，推进保障性住房建设，支持商品房市场更好满足购房者的合理住房需求，因城施策促进房地产业良性循环和健康发展。以上可见，房住不炒加强房地产市场分类调控是中央一以贯之之策，也是促进城市居住空间正义的必需之策。

（三）实行多元化多主体供给制

住房供给主要分为以下两类：其一，市场性供给。市场性住房供给是多元化、多主体供给，是住房供给的主渠道。市场性供给分为商品房出售性供给和商品房租赁性供给，重点发展住房租赁市场。市场性供给的主体是各类房地产开发企业，包括国有企业、股份制企业、民营企业、中外合资企业和外资企业等多种所有制结构企业，市场性住房供给的对象主要是中等以上收入者，即买得起商品房或租得起商品性租赁房者。其二，保障性供给。以政府为主提供住房基本保障，供给主体主要是各级地方政府，有条件的企事业单位。习近平总书记指出："总有一部分群众由于劳动技能不适应、就业不充分、收入水平低等原因而面临住房困难，政府必须'补好位'，为困难群众提供基本住房保障。"①保障性住房的供给对象是中低收入者，买不起商品房或租不起商品性住房，只能由政府提供相应的保障性住房。如何建设好保障性住房？习近平总书记指出："要完善住房支持政策，注重发挥政策的扶持、导向、带动作用，调动各方面积极性和主动性。要完善土地政策，坚持民生优先，科学编制土地供应计划，增加住房用地供应总量，优先安排保障性住房用地。要完善财政政策，适当加大财政性资金对保障性住房建设投入力度。要综合运用政策措施，吸引企业和其他机构参与公共租赁住房建设和运营。要积极探索建立非营利机构参与保障性住房建设和运营管理的体制机制，形成各方面共同参与的局面。"②如何管理好保障性住房？习近平总书记指出："保障性住房建设是一件利国利民的大好事，但要把这件好事办好、真正使需要帮助的住房困难群众受益，就必须加强管理，在准入、使用、退出等方面建立规范机制，实现公共资源公平善用。要坚持公平分配，使该保障的群众真正受益。要对非法占有保障性住房行为进行有效治理，同时要从制度上堵塞漏洞、加以防范。对非法占有保障性住房的，要依法依规惩处。"③党的十八大以来，在住房供应方面，形成商品房、保障房、共有产权住房和租赁住房等多元化来源。在住房建设方面，形成社会建房、企业建房、政府建房、合作社建房、个人建房等多元化住房供应主体。

（四）实施多渠道、多层次、多方式的住房保障

党的十八大以来，加快推进住房保障和供应体系建设的总方向是构建

① 习近平：《习近平谈治国理政》，外文出版社 2014 年版，第 119 页。
② 习近平：《习近平谈治国理政》，外文出版社 2014 年版，第 120 页。
③ 习近平：《习近平谈治国理政》，外文出版社 2014 年版，第 120 页。

以政府为主提供基本保障、以市场为主满足多层次需求的住房供应体系。深化住房保障制度改革的重点是改变单一的住房保障形式,实施多渠道、多层次、多方式的住房保障。

住房保障的多种层次。按照居民收入的不同层次,住房困难程度的差异,住房保障体现多层次性。第一层次,最低收入家庭,由房管部门会同民政部门实施住房救济,直接提供免收房租或减免房租的公共租赁住房;第二层次,低收入家庭,收入低,租不起商品房,政府建立廉租住房制度,采取租金补贴或实物配租等形式提供保障性住房;第三层次,中低收入家庭,收入较低,买不起价高商品房,但目前已有居所,但人均住房面积少,希望改善居住条件,购买价廉的低档产权房。针对这一收入层次的家庭,北京、上海等地推出共有产权房;第四层次,新参加工作或刚就业的大学毕业生,收入不低,但无房无积蓄,暂时买不起房,又难以承受商品房的高租金。针对这一群体,政府和企事业单位适当建一些公共租赁房,缓解他们的住房困难;第五层次,城镇化过程中进城务工的农民工,应当通过加速农民工市民化,使他们逐步享受住房社会保障权利。

住房保障的多种方式。一是廉租房。政府起主导作用,对城镇中低收入户和住房困难户即“双困户”提供的租金低廉的普通住房。廉租住房制度采取货币化租金补贴和实物配租两种方式;二是公共租赁住房。由政府或企事业单位出资建造,为中低收入住房困难户和一部分新参加工作的青年职工和刚毕业的大学生设置的公共租赁住房;三是共有产权房。由经济适用房改进而成,为中低收入“夹心层”设置的半市场化的保障性住房,住房产权一部分归个人(一般占 50%以上),另一部分归政府。随收入增加,持有者可以逐步买入政府的部分产权,使住房变成全产权房。[1]

(五)形成租购并举的住房分配制度

2015 年中央经济工作会议首次提出“租购并举”。2016 年中央财经领导小组第十四次会议强调,以建立购租并举的住房制度为主要方向。2017

---

① 陈伯庚:《新时代中国特色社会主义住房制度创新——党的十九大报告启示》,《上海房地》2018 年第 2 期。

年中央经济工作会议指出，加快建立多主体供应、多渠道保障、租购并举的住房制度，要发展住房租赁市场特别是长期租赁，保护租赁利益相关方合法权益，支持专业化、机构化住房租赁企业发展。“租购并举”住房制度改革是我国房地产长效机制建设的重心之重，能不能顺利完成这一住房制度改革的关键在于能不能补上住房租赁市场“短板”，更好地满足中低收入者、新职工、农民工和城市流动人口的住房需求。2020 年中央经济工作会议对租购并举分配制度提出了政策性指导意见，指出要高度重视保障性租赁住房建设，加快完善长租房政策，逐步使租购住房在享受公共服务上具有同等权利，规范发展长租房市场。2021 年 7 月，国务院办公厅发布的《关于加快发展保障性租赁住房的意见》，首次从国家层面明确了住房保障体系的顶层设计，体现出国家对于保障性租赁住房的重视程度，对促成“租购并举”的格局具有重要意义。

第四章

中国特色社会主义城市居住空间正义的现实问题

"应然"的价值诉求和"实然"的社会现实之间永远存在着张力。毋庸置疑,"空间生产和空间消费已逐渐成为当代中国建构社会生活的根本生产方式,成为中国实现现代化、建设小康社会的动力源泉,成为建构社会主义和谐社会最根本的物质基础"①。但另一方面,又加速引发了一系列深层次的空间矛盾和冲突,构成了中国特色社会主义城市居住空间正义的问题谱系,直接影响中国特色社会主义的建设进程。本章结合中国特色社会主义转型期的本土语境,对中国特色社会主义发展进程中的城市居住空间矛盾和冲突进行梳理,为进一步探讨解决城市居住空间问题的对策提供前提和基础。

第一节　中国特色社会主义城市居住空间非正义的主要问题

随着中国"旧城改造""城市更新""城市扩展"等运动的展开,城市化进程中出现的以"蚁族""蜗居"等为表征的城市居住空间贫困问题;以贫富分区、居住空间占有贫富悬殊等为表征的城市居住空间隔离问题;以"人城疏离"、工作空间与居住空间严重分离等为表征的城市居住空间异化问题等城市居住空间非正义问题逐渐居于当代中国城市居住空间生产现实矛盾谱系

---

① 孙江:《当代中国空间生产的现实语境及其矛盾分析》,《苏州大学学报》2007 年第 3 期。

的核心。社会的等级秩序和利益差距等社会不平等映照在城市居住空间的生产、分配、交换和消费上，就形成了城市居住空间非正义现象，城市居住空间非正义实质上是社会不正义在城市居住空间中的具象和形塑。

一、城市居住空间贫困

城市居住空间贫困主要表现在城市住房市场化、商品化过程中，城市地区常住居民个人或家庭受自身条件或各种外部环境限制，居住空间生活水准低于当地普遍认可的、有尊严的最低水平的贫困现象。城市中“蚁族”“蜗居”等群体的存在，是对“居住空间贫困”问题的形象阐释。不良的居住条件对居民的生命健康、精神状态、道德感与幸福感产生严重影响。居住权是人类基本生存权利，关系到城市发展和社会安定。“获得环境良好、舒适的居住空间”是全球各国居住空间贫困治理的奋斗目标。

当前我国城市居住空间贫困现象产生的原因，主要体现在以下方面：一是主体条件差异。首先，能力差异。由于主体能力匮乏造成经济贫困而导致居住空间贫困。诺贝尔经济学奖得主阿马塔亚·森指出，能力匮乏是致贫的内在因素，是贫困的根源，能力贫困是贫困者自身可行能力被剥夺而造成的贫困。能力贫困缘于个人内在因素。其次，权利差异。由于主体缺乏资源分配的平等机会与保障权利诱发经济贫困而导致的居住空间贫困。权利贫困是致贫的外部因素。二是强烈的现实基础。20 世纪 90 年代经济结构调整与国企改革的大背景下，城市居住空间贫困作为一个重要社会问题逐步显现。农村土地制度改革后，户籍制度开始松动，大规模农民涌入城市地区，与城市国企改革形成的下岗潮一起构成城市居住空间贫困的外部和内部动力。随着中国城市化加速发展，城市住房朝着市场化方向迅速推进，在总体上大幅度改善城市居民住房条件的同时，不可避免地造成城市居民的住房不平等和社会分化。“(城市化)既可能是无可比拟的未来光明前景所在，也可能是前所未有的灾难凶兆”，因为它存在着“用乡村贫困换来城市贫困”的可能，而且“缺少住房，是他们(外来流动人口)面临的显著问题”①。与城市化发展相伴随的是住房不平等的增加，国有企业改革的下岗

① 陈秉钊：《上海郊区小城镇人居环境可持续发展研究》，科学出版社 2001 年版，第 6—8 页。

失业群体和外来流动人口群体，在居住空间竞争和“住房大战”中逐步形成了城市居住空间贫困阶层，城市广大中低收入群体只能望“房”兴叹“蜗居”于城市角落，或者背负高额房贷成为“房奴”①。

二、城市居住空间区隔

城市居住空间贫困的积累助推城市居住空间区隔问题的产生，不同社会阶层因经济地位等因素的差异而聚居在异质化趋向明显的社区内，形成彼此分化、相互隔离的“居住阶层”，城市居住空间因此而呈现出鲜明的隔离化、碎片化、等级化特征。城市居住空间区隔具体表现在以下方面：其一，城市居住空间等级化。地理空间上的区隔不断弱化不同阶层间的交往联结，加剧不同群体间的分化和不平等程度，最终导致社会分层、阶层固化。“住房的空间资源不仅仅指住房所直接占有的这一块空间，而且包括这一空间所联系的诸多‘可及资源’。比如，在北京的 CBD 占有一栋房子，或在纽约曼哈顿岛的商务区占有面积不很大的一个房间，都可以因此而联姻了社会资源或金融商贸的明显优势，其‘可及资源’是十分巨大的。于是，住房由于空间地域特征而具有阶层身份的意义。相似阶层身份的人居住在某一个区域，使得住房者有了集群的特征，形成了所谓富人区或穷人区等。由于富人区或穷人区的出现，更导致居住社区内多方面社会要素差异的形成，比如：学校、医院、体育设施、服务设施等的档次、消费差异、文化模式与象征的差异等等。相邻的住房组合在一起，居住者成为邻居，又具有社会互动的意义，可以形成不同的社会互动群体。”②“住宅的私有化进程，改变了中国财富存在的形式以及人们的生活观念、生活方式，在影响中国经济增长方式的同时，也产生了激烈的社会阶层分异，重组了社会的阶层结构。”③其二，城市居住空间分异。从城市内部空间来看，主要呈现出由城市中心区向郊区衰减的空间分异格局④，城市的优质公共服务资源主要集中在城市中心

① 李武斌：《西安城市贫困阶层居住空间研究》，陕西师范大学博士学位论文 2017 年。

② 李强：《转型时期城市“住房地位群体”》，《江苏社会科学》2009 年第 4 期。

③ 金俭：《论中国住宅私有化进程中住宅权的实现》，《城乡规划》2009 年第 1 期。

④ 曾文、向梨丽、张小林：《南京市社区服务设施可达性的空间格局与低收入社区空间剥夺研究》，《人文地理》2017 年第 1 期。

或内城区[①]。以北京为例，70%的“重点小学”分布在三环以内，80%“三甲医院”分布在四环以内。公共服务供给的这种集中趋势推动了空间迅速增值，公共资源配置是个指挥棒[②]，与空间增值密切相关，公共服务配置越是完善的地段，其空间增值的幅度越大。公共服务空间的资本化，已经成为不同阶层选择住宅区域的重要考虑条件。2015 年 5 月“北京人口调查报告”显示，五环外常住人口达 1 097.9 万人，占全市的 51%，而外来常住人口有 65%住在四环至六环间，明显呈现出人口，尤其外来和贫困人口沿环路圈层向外拓展聚集的特点。北京市统计局、北京市第七次全国人口普查领导小组办公室发布数据，根据第七次全国人口普查结果显示，截至 2020 年 11 月 1 日零时，北京市中心城区常住人口为 1 098.8 万人，占 50.2%，其中，核心区常住人口为 181.5 万人，占 8.3%；其他十区常住人口为 1 090.5 万人，占 49.8%。与 2010 年相比，北京中心城区常住人口减少 72.8 万人，占全市常住人口的比重下降 9.5 个百分点。其中，核心区（东城区、西城区）常住人口减少 34.7 万人，年均下降 1.7%，占常住人口的比重由 2010 年的 11%下降至 2020 年的 8.3%，下降了 2.7 个百分点。除了中心城区六个区之外，其他十个区常住人口均有不同程度增加，合计增加 300.9 万人，年均增长 3.3%，占全市常住人口的比重由 2010 年的 40.3%上升至 2020 年的 49.8%。其中，通州区、顺义区、大兴区十年间人口增长最快，年均增速在 3.5%以上。这些数据显示，北京市人口分布由单中心集聚向多中心的城市发展新格局转变。[③]

居住空间在规模、质量、环境上的差异与其所引发的居住者社会身份与地位的符号化、等级化，必然会影响到人们对美好生活的满意程度和对社会公平正义的认同程度。“当住房商品作为社会的公平和正义的符号的时候；当住房商品已经成为社会保障与社会地位的符号的时候；当住房商品已经和一定群体的养老联系在一起的时候，市场这只‘手’有时不仅仅会是失灵，甚至会变成‘无情的手’，进而导致社会问题的激化，出现市场失

① 郑思齐：《公共服务资源短缺与空间失衡：房价问题与城市效率损失》，《探索与争鸣》2016 年第 5 期。

② 李强、李洋：《居住分异与社会距离》，《北京社会科学》2010 年第 1 期。

③ 《北京核心区常住人口 181.5 万人 十年间减少 34.7 万人》，《北京青年报》2021 - 5 - 20。

灵的状态。”[①]可见，住宅商品背后所蕴含的政治经济属性决定其与社会公平正义的实现有着必然性逻辑关联。以上海市为例，上海经济较发达的地区是以浦西七区为内核构建的上海中心城区，精华范围是当今的长宁、徐汇、静安、虹口和黄浦区。随着城市不断的发展建设以及南北平衡战略的推进城市的建设，城市面貌日新月异，许多后起之秀不断涌现，譬如徐汇区的徐汇滨江；黄浦区的南外滩地区；新静安区的大宁、苏河湾地区；虹口区的北外滩；杨浦区的五角场、大连路地区、新江湾城；普陀区的长风生态园区、长宁区的天山古北地区等地。而在这其中，上海地价较高的区域有长宁古北新区、杨浦新江湾城、浦东碧云社区、松江佘山别墅区，南部静安高档公寓区。核心区与外围区居民生活品质上的差距较为明显。

居住空间区隔是现代化建设过程中不可避免的现象，在一定程度上体现了居民居住状况的多样性与复杂性，并且适度的居住空间区隔存在一定的合理性，具有一定的激励效应，激励人们在多劳多得的前提下充分自主地支配和享受自己的劳动成果。“居住空间分异可起到争取体现城市土地价值、集约利用土地、满足各社会阶层生活水平与居住质量要求和稳固国家金融秩序的益处。”[②]然而，过度空间区隔与分异格局往往会加剧贫困区的“孤岛”效应，形成居住空间排斥，催生反社会心理与反社会文化，影响社会和谐与稳定。“这种对立情绪的激化，增加了社会不稳定因素，影响社会的长期和稳定的发展，可以说是产生动荡、骚乱的温床。”[③]虽然我国目前居住空间区隔的状况还远远不如西方发达国家那样严重，也不存在大规模的郊区化问题和严重的种族冲突问题，但绝不能忽视社会空间分异和隔离已经开始产生。值得警惕的是，空间区隔到达一定程度就是空间极化。当代西方城市社会空间发展的主要趋向就是不断增加的社会空间极化。与西方城市空间分异极化的区别在于，我国当前出现的社会空间的区隔和弱势群体集聚区可以看作政治经济转型不可避免的必然结果，而且，空间的分异与隔离的程度是在可控且可以调节的范围内。“典型的例子是在比较昂贵的、普通中

---

① 张鸿雁：《空间正义：空间剩余价值与房地产市场理论重构——新城市社会学的视角》，《社会学研究》2017 年第 1 期。

② 吴启焰：《大城市居住空间分异研究的理论与实践》，科学出版社 2001 年版，第 5 页。

③ 张崴崴：《城市居住空间的分异与社会公平》，《徐州建筑职业技术学院学报》2006 年第 1 期。

低收入群支付不起的社区建设适量的经济住房；或者通过有效的规划手段实现贫富的混合居住，避免对弱势群体的过度排斥。"①

三、城市居住空间异化

城市居住空间贫困与城市居住空间区隔的加剧升级转化为城市居住空间异化问题。主要表现为住房资源逐渐偏离了自身的使用属性，被当成一种推动资本再生产和实现利润增值的工具，最终转变为一种可以对居住主体进行"管控"和"支配"的力量。根据马克思的异化理论："劳动所生产的对象，即劳动的产品，作为一种异己的存在物，作为不依赖于生产者的力量，同劳动相对立……劳动的这种现实化表现为工人的非现实化，对象化表现为对象的丧失和被对象奴役，占有表现为异化、外化。"②住房作为一种劳动产品，在资本逐利的驱使下，居住主体和居住客体都发生了异化。其一，居住空间生产的异化。居住空间生产的根本目的在于满足主体的居住需求。但是，在资本逻辑的推动下，居住空间生产的目的偏离了自身的使用属性，变成了资本再生产和利润最大化，居住空间价值增值成了居住空间生产的根本目的和主要动力，人的居住需要让渡与这一目的，成了次要的存在，居住主体反过来受居住空间的"管控"和"支配"，居住空间演变为一种可以独立于人的具有"自动增值"能力的"异己存在物"而凌驾于居住主体之上；其二，居住空间主体的异化。居住空间主体占有居住空间的本原动力是满足自己及家人的居住需要，提高居住水平，追求美好生活，实现自由而全面的发展。但是，在居住空间资本化过程中，居住空间主体占有居住空间的根本动力演变为赚取利润，获得更大的经济利益，在这一动力的驱使下，主体不断地占有居住空间，通过对居住资源的控制和占有来填充自身无限膨胀的物质欲望，利润最大化的动力使得居住主体成为居住资源的"奴隶"。在此过程中，"唯一有理的就是把物据为己有和可以将获得的东西保存下去的无限权利"③。在居住空间资源紧缺的社会背景下，能否占有更多的居住空间资源

---

① 李志刚：《城市社会空间分异：倡导还是控制》，《城市规划学刊》2004 年第 6 期。

② 《马克思恩格斯文集》(第 1 卷)，人民出版社 2009 年版，第 156—157 页。

③ ［美］埃里希·弗罗姆：《占有还是生存》，关山译，生活·读书·新知三联书店 1989 年版，第 82 页。

成为社会主体的一种物质包袱和精神压力，贫富差异的存在严重影响了人们生活的幸福感和满意度。

城市居住空间异化导致的后果，主要表现在以下方面：其一，城市居住空间无序蔓延。城市居住空间资本化使得城市居住空间无序蔓延加剧，据统计在全国70个大中城市中90%的城市存在不同程度的蔓延现象，并且6%的城市出现了过度蔓延的趋势。① 其二，家园感、场所感丧失。海德格尔说过："家园意指这样一个空间，他赋予人一个住所，人唯有在其中才能有'在家'之感，因而才能在其命运的本己要素中存在。"②现在的城市居住空间却异化为马克斯·韦伯笔下的"铁的牢笼"，使人作为城市主体的家园感、场所感丧失。德国思想家西美尔在《大都会与精神生活》中说："在建筑物中，在由征服空间的技术带来的美好事物与舒适中，……充满着具体化的非人格化的精神。可以说，在这种精神的影响下，个体难以保持自身。一方面，生活中从各方面提供给个体的刺激、利益和时间与意识的利用，非常有利于个体，它们仿佛将人置于一条溪流里，而人几乎不需要自己游泳就能浮动；另一方面，生活是由越来越多非个人的、取代了真正个性色彩的和独一无二性的东西所构成。"③当资本逻辑侵入并主宰了城市建设、居住生态、能源环境、社会心理、价值信仰与人的日常生活之中后，人们必然会产生一种存在论困惑，其主要表现是"个我"和城市的隔离；其三，人与自然、人与人关系的疏离。"工业文明鼓励人在一切方面疏远'粗糙'质朴的自然界：人建造高楼大厦，以远离自然大地；人用水泥铺地，以架隔自然；人着'牢固'耐穿的化纤服装，以将身体与自然隔离；人用脱离感性的理性、科学、技术来思考，与现象之网分离，并反过来考问自然、分割自然、改造自然。"④工业化用强大的实践工具改造自然，驾驭自然，使人与自然的关系日益紧张。正如列斐伏尔所言："自然被加工、塑造和改变，成为人类的作品……因为被统治、被征服，它也就远离了我们……它被破坏，面临着毁灭的危险，又危及到人

① 王家庭、赵丽、高珊珊：《高度警惕快速城镇化时期我国城市的过度蔓延趋势》，《现代财经》2013年第8期。

② ［德］马丁·海德格尔：《荷尔德林诗的阐释》，孙周兴译，商务印书馆2000年版，第15页。

③ 汪民安等：《城市文化读本》，北京大学出版社2008年版，第142页。

④ 任平：《冲突与时尚——城市文化结构与功能新论》，东南大学出版社2000年版，第100页。

类的空间。”[①]人与自然的日渐疏远和紧张的关系也影响了人与人之间的关系。对经济利益的追逐使不同人群的关系也日益紧张。美国著名城市社会学家刘易斯·芒福德曾说:“当最后研究到我们当今这个时代,我们就会发现,城市社会已经发展到了一个分岔路口。这时,如果对历史有了深刻的了解,对那些至今仍然控制着人类的古老决定有了高度的自知,我们就有能力正视如今人类面临的迫切选择;这一抉择无论如何终将改造人类,即是说,人类或者全力以赴发展自己最丰富的人性,或者俯首听命,任凭被人类自己发动起来的各种自动化力量的支配,最后沦落到丧失人性的地步,成为‘同我’,即所谓‘史后人类’。这后一种抉择将使人类丧失同情心、情感、创造精神,直至最后丧失思想意识。”[②]

第二节　中国特色社会主义城市居住空间非正义的主要原因及影响因素

当代中国城市居住空间非正义不是一个孤立的现象,它是宏观的全球化背景,中观的中国经济社会转型,微观的社会治理机制共同影响和作用的结果。现代城市发展过程是资本、权力与社会公众等多种力量的博弈过程,各种力量之间需要相互制约和平衡,一旦平衡缺失就会导致各种城市问题的出现。因此,当代中国城市居住空间正义主要受到政府力量、资本逻辑、文化影响等因素相互作用形成合力的影响。

一、主要原因

当代中国城市居住空间非正义的宏观原因在于全球新自由主义空间生产的影响;中观原因在于中国经济发展转型的后发效应;微观原因在于城市政府、城市居民、社会组织等主体作用发挥不足。

---

① [法]亨利·列菲伏尔:《空间与政治》,李春译,上海人民出版社 2015 年版,第 39 页。

② [美]刘易斯·芒福德:《城市发展史——起源、演变和前景》,倪文彦、宋俊岭译,中国建筑工业出版社 1989 年版,第 1 页。

（一）宏观原因：全球新自由主义空间生产的影响

所谓自由主义是指一种意识形态和哲学，是以自由为主要政治价值的一系列思想流派的集合。自由主义追求以法律限制政府对权力的运用、保障自由贸易的观念、支持私人企业的市场经济。新自由主义的核心是市场私有化和自由化。自1970年代全球经济危机以来，西方各国相继开启了向新自由主义的转型过程，同时通过新自由主义政体的机器——跨国公司、世界银行、货币基金组织、世贸组织等，向广大发展中国家输出新自由主义。新自由主义城市政策的核心思想为："取消国家提供的社会保障，转而强调个人在市场中的竞争力"。随着全球化的流动，以积累政策转变和市场目标导向的新自由主义已经由西方扩散至发展中国家。[①] 自1978年起，中国开始探索如何利用商品经济以致最后向市场经济体制的转型过程，并最终通过行政性分权、国企改革、土地与住房商品化改革等市场化的改革，极大地推动了地方政府和公司对于城市空间的开发，并重构了中国城市空间，在推动中国城市经济发展的同时，产生了一系列城市矛盾和问题。[②] 比如：房价过高居民无力承担、房地产投资过热泡沫风险加剧、住房保障政策实施不力、住房的不公平加剧等现象。受全球新自由主义的影响，住房制度改革一开始过于强调市场化。

（二）中观原因：中国经济发展转型的后发效应

中国实行由计划经济向市场经济的发展转型，但在这个过程中，也存在片面强调市场化的问题。由此，造就了一系列居住空间和累积方式的转变，城市居住空间逐步成为财富符号和社会地位象征，由于我国住房保障体系不完备，住房市场贫富差距进一步拉大。

1. 城市居住空间成为财富符号

随着经济体制转轨，中国城市化快速发展，住房市场化改革深入推进，住房逐渐成为城市居民的重要资产，购租或售租房屋成为居民大额消费和

---

① Jamie Peck, Geography and Public Policy: Construction of Neoliberalism, *Progress in Human Geography*, 2004, Vol.28, No.3, pp.392 - 405.

② 胡毅、张京祥：《中国城市住区更新的解读与重构——走向空间正义的空间生产》，中国建筑工业出版社2015年版，第138—139页。

财产性收入增加的重要手段。住房作为财富符号和社会地位的象征，其住房资产以及所附加的产权性质、市场价格、社区品质、居住区位等属性，也成了转型期“地位群体”的重要标志和社会分层的重要依据。① 土地的资产化助推房地产价格的快速上涨，增大了房地产投资的预期收益，将社会大众卷入到投机活动中来，引发大规模“炒房”现象，房地产逐渐偏离了社会的住房刚性需求。② 土地与金融的结合越来越紧密，城市居住空间成为市民财富积累的竞逐工具。

2. 住房市场利益分配失衡

中国住房制度改革的原初目的是政府希望通过这种方式来减少公共住房的供给，缩小在住房方面的开支，减轻政府财政压力，从根本上改变政府、单位及个人之间的住房责任，但实际结果却与理想状态并不一致。一方面，以居住空间效益为目标的城市开发成为城市政府短期内增加 GDP 的重要路径，导致城市居住空间过度资本化；另一方面，相关权力者利用制度缺陷与政策漏洞，使得住房制度改革中存在一种严重分配不公的财富分配与转移现象，造成住房市场贫富差距进一步拉大。

3. 住房保障体系不健全

中国住房制度改革进程不断加快，但住房保障体系建设却没有紧随其后，存在立法不全、监管不力、资金不足等诸多问题。一是立法不全。目前我国还没有一部完备专业的住房保障法，用于明确保障责任和保障对象，严防国民的税收和土地等公共资源向不应保障的群体倾斜，仅靠规章、制度约束，极易产生责任不清、利益不均甚至互相推诿等问题；二是监管不力。保障性住房政策的贯彻落实，需要建立严格的准入和退出机制，不仅需要建设前的调查规划，更需要建成后的合理分配，但是，一些地方出现了拆迁房进入保障、棚户区改造进入保障、公务员分房(限价房)进入保障等众多不合理的现象，说明政府存在监管不力、执行不严等问题；三是资金不足。保障房的资金来源主要是中央的财政补贴和地方政府的财政收入。中央政府明确规定土地出让金要向低收入群体倾斜，任何单位和个人不得截留、挤占和挪

---

① 李武斌：《西安城市贫困阶层居住空间研究》，陕西师范大学博士学位论文 2017 年。

② 武廷海、张能、徐斌：《空间共享：新马克思主义与中国城镇化》，商务印书馆 2014 年版，第 106—107 页。

用。土地出让净收益用于住房保障资金的比例不得低于10%。[①] 大多数城市都没有严格遵守中央规定,住房保障体系建设任重道远。

(三) 微观原因：主体作用发挥不足

从微观视角而言,当代中国城市居住空间非正义现象的主要原因在于城市政府、城市居民、社会组织等主体作用未能充分有效发挥。

1. 城市政府住房保障工作不到位

改革开放以来,在我国市场经济体制的发展中,居民多样化的住房需求得到了不同程度的满足。由于市场机制的缺陷,无法全部解决低收入群体因购买力不足而引起的住房困难问题。为了维持社会的公平和稳定,需要采取政府主动干预机制,通过二次分配达到对社会弱势群体的住房保障功能,保障群众的基本居住权利。我国的社会主义国家制度决定了住房保障中的问题应该主要由国家(政府)建立相关机制解决而不是市场。政府有责任和义务保障市民的住房权,尤其是低收入群体的住房权。因此,对住房市场相关制度与政策的改革势在必行。其基本原则就是国家通过公权力来保证每一个公民的基本居住权、让绝大多数居民的住房福利条件得以不断改善。中国住房市场的法律制度、发展模式、运作规则、利益分配与调整等方面都必须在这个原则上建立、展开与发展。[②] 就我国现行的住房保障体系而言,总体向好,但仍存在立法不全、监管不力、资金不足等政府住房保障工作不到位现象。

2. 市民城市权利维护不力

城市化的过程也是争取城市权的过程。广义上,城市权利泛指一切与城市和城市发展有关的权利,比如居住权、生活权、发展权、参与权、管理权等。狭义上,城市权利特指由于城市发展所产生或带有鲜明城市性的权利,比如居住权、参与权、表达权等。[③]

首先,市民居住权维护不力。一是由于人们的传统观念导致居住权保

---

① 侯玟琦:《住房保障制度中的政府责任分析》,《住宅与房地产》2017年第1期。
② 易宪容、郑丽雅:《中国居住正义的理论研究》,中国社会科学出版社2020年版,第60—79页。
③ 陈忠:《城市权利: 全球视野与中国问题》,《中国社会科学》2014年第1期。

障不力。在中国传统文化中养老育幼天经地义，父母给子女提供遮风避雨的居所是父母的责任和义务，反过来子女赡养父母，为父母提供安享晚年的居所是子女的责任和义务，居住这件事属于每家每户的家庭责任，与社会无关。但是，由于我国法律普及率不高，民众的法律意识和法律知识整体上还比较缺乏，民众对居住权认识相对模糊，维护居住权的法律意识有待提升。二是由于我国法律对居住权规定不明导致居住权保障不力。居住权具体是指哪些权利？居住权人享有对房屋的使用权，但此种使用权须限于居住的目的。居住权人享有附属于房屋使用权的各项权利，如相邻权等。居住权人有权为居住的目的而对房屋进行修缮和维护。居住权人有权在居住期间内将房屋出租给他人以收取租金，但必须符合相关的法律要求。例如：承租人转租承租的房屋必须先经过原出租人的同意。居住权作为房屋所有权的用益物权非常重要，法律上明确居住权将有利于维护居住权人的合法权益，减少居住权人和产权人之间不必要的纠纷。过去我国法律制度对居住权的相关规定不明确不充分，包括宪法在内的法律法规条例对于公民居住权的保护缺乏明确规定。但是，随着中国特色社会主义法治体系建设进程的不断加快，保障公民的居住权相关法律法规正在逐步完善。2018 年通过的《中华人民共和国宪法修正案》第三十九条规定："中华人民共和国公民的住宅不受侵犯。禁止非法搜查或者非法侵入公民的住宅。"2020 年通过的《中华人民共和国民法典》第三百六十六条规定："居住权人有权按照合同约定，对他人的住宅享有占有、使用的用益物权，以满足生活居住的需要。"第三百六十八条规定："居住权无偿设立，但是当事人另有约定的除外。设立居住权的，应当向登记机构申请居住权登记。居住权自登记时设立。"第三百六十九条规定："居住权不得转让、继承。设立居住权的住宅不得出租，但是当事人另有约定的除外。"第三百七十条规定："居住权期限届满或者居住权人死亡的，居住权消灭。居住权消灭的，应当及时办理注销登记。"

其次，市民参与权保障不力。市民参与权指的是市民参与公共事务的权利，也就是市民通过各种途径与形式参与公共事务、优化治理过程、提高治理实效的一种新型公民权。在城市居住空间更新过程中市民的参与权具体包括市民对城市居住空间更新规划的知情权、参与权（意见表达权与投票协商权）、监督权、获得救济权。市民参与权保障不力主要由于以下原因：

一是市民参与国家公共事务意识缺乏。由于受传统思想的影响，我国公民长期缺乏民主意识、法治意识，维护个人权利意识淡漠，再加上公众参与权建设不足而导致的公民参与公共事务意识薄弱、参与效果甚微；二是市民知情权保障不力。市民有效行使公共事务参与权的前提是能够及时准确获取城市居住空间更新相关信息，如果政府相关信息不公开，市民不能提前了解政府的相关决策，也就无法提出合理的建议。对此，政府相关部门要保证能够及时公开城市居住空间更新信息，通过法制保障市民的知情权，这是市民行使参与权的前提和基础；三是市民参与的制度保障不全面，法律法规不完善。虽然在我国宪法以及法律上对于公民参与权进行了明确规定，但是其执行效果不佳，原因在于实践中并没有为市民参与提供多层面的制度保障，缺乏制度化公民参与，欠缺标准的管理机制，导致市民参与权无法有效落实。

最后，市民表达权保障不力。表达权是指公民有权依照法律表达自己对于国家公共生活的看法。具体而言，表达权是公民依法享有的由法律确认，受法律保障和限制，并通过一定方式公开发表、传递思想、意见、主张、观点等内容，而不受他人和社会组织非法干涉或侵犯的权利。市民表达权保障不力主要由于以下原因：一是市民对表达权认识不清，社会整体缺乏表达权意识。由于我国公民整体的文化水平和政治素养有待提高、各种传播媒介的作用发挥不足以及党和政府推动政治参与力度不够，市民对表达权方面的认识存在模糊和混乱，市民的法治意识、民主意识、表达意识整体缺乏；二是政府公权力没有为市民表达权的实现提供足够的条件和保障。政府公权力在市民表达权的实现中起到至关重要的作用，一方面需要政府公权力为公民表达权的实现提供物质、政治、文化等必要的条件和保障；另一方面，需要政府将公权力自觉关进制度的牢笼，不得以任何方式禁止和限制公民依法行使表达权；这方面还有不足。三是市民表达权法律保障不全面。我国宪法虽然明确规定公民言论自由，但具体怎么落实？已有的有关表达权的法规层次低，权威性不够。保障落实言论自由的法律法规相对滞后，比如《中华人民共和国出版法》《中华人民共和国新闻传播法》等至今尚未颁布。同时，对侵犯包括表达权在内各项权利的行为和规范文件的违宪审查机制有待完善，保障市民表达权的诉讼制度还有待建立。

3. 民间组织力量不足

民间组织又称“第三部门”“非营利部门”“利他部门”，是指具有公益性、自治性、志愿性、非营利性、合法性等特征，具备社会服务、沟通协调、监督管理等基本功能的社会组织。民间组织产生的最初原因是服务社会，促进经济健康发展，基本目标是让广大公民有效参与社会事务。中国社会正处于权利剧烈分化时期，建立在公民权利基础上的社会组织还很不成熟。

二、影响因素

“除了资本和权力，主体的情感、体验与文化都是建构空间的有机组成要素，这些因素相互缠绕，并处于时刻不停的变迁之中，赋予空间活力、开放和无限可能。”①城市居住空间构建过程离不开资本力量、政府权力、居住空间文化等因素共同作用。上述因素，构成影响中国特色社会主义城市居住空间正义的合力。

（一）资本逻辑

所谓资本逻辑，概言之，就是资本不遗余力和无休止地进行自我生产、实现自我增值的运行逻辑。马克思认为，资本是生产力和商品经济发展的产物，随着商品经济的发展，劳动力成为商品，货币转化为资本。从生产过程来看，资本作为一种生产要素，与土地、劳动力相平行，相比之下资本最具弹性和流动性，容易积聚和控制。作为占据支配地位的现代生产关系，资本既是推进城市化文明发展进程的主要动力，同时，其不断追求增值和逐利的本性，又使得居住空间的生产深深地陷入资本权利的影响之中，居住空间成了资本实现自身的策略与载体。② “资本积累向来就是深刻的地理事件。”③当居住空间被整合进资本积累与循环过程之后，一方面资本逻辑会驱使居住空间飞速扩张，另一方面运用利润获取和价值增值来驱动居住空间扩张必然会促使城市居住空间畸形发展、居住空间正义问题突出，这就是现代资本逻辑的悖论。“如果空间作为一个整体已经成为生产关系再生产的所在

---

① 周大鸣、李翠玲：《垃圾场上的空间政治》，《广西民族大学学报》2007 年第 5 期。

② 张春玲：《资本逻辑与空间正义》，《中共福建省委党校学报》2014 年第 7 期。

③ 大卫·哈维：《希望的空间》，胡大平译，南京大学出版社 2006 年版，第 23 页。

地，那么它也已经成为巨大对抗与矛盾的地方，这种对抗与矛盾产生的中心并无定所，它或在这里或在那里。因此，它既不能被定位也不能被扩散。”①资本逻辑的悖论造成居住空间的内在矛盾，消解居住空间的正义性。可以说，资本就是城市居住空间生产舞台上的总导演，城市是资本的游戏场。资本对居住空间的宰制塑造了一种属于它的居住空间秩序。“经由空间占有、空间功能区分、空间建筑、空间装饰、空间营销等具体路径，资本原子化地‘分割’空间，并把空间‘加工制造’成工厂、道路、市场、运河、港口、住宅等使用价值，使之充当资本运动的一个必要环节。”②

（二）政府力量

列斐伏尔认为，“空间是政治的，空间并不是某种与意识形态和政治保持着遥远距离的科学对象。相反的，它永远是政治性的和策略性的”③。社会主义国家城市政府的宏观调控力在居住空间重构中则起着更大、甚至是决定性的作用。城市政府拥有从城市规划、土地征用、土地使用权出让、财政支配到项目审查的所有权力，还拥有分配各种公共资源的决策权。比如：为了促进房地产市场的平稳健康发展和保障人民的“住有所居”，国家出台了一系列多维度、组合拳式的调控政策，主要是限购、限贷等行政手段，但效果普遍欠佳。最重要的原因之一就是一些地方政府行为，我国不同地区在住房市场和社会经济发展上存在差异性，地方政府被赋予较大的自由裁量权，成为住房市场政策制定和执行过程中的主体。由于我国的财税体制和官员晋升考核机制，一些地方政府出于自身利益考虑，并不希望房价下跌，缺乏实施住房保障的积极性，从而对中央政府关于房价调控、住房保障等方面政策的执行力度不够，导致政策难以落地。此外，城市规划、建设的专业群体，以及各种“城市问题研究专家”，自觉或不自觉地扮演了重要的参与者角色。例如，各地城市政府直接主持或参与组织了各种主题和规模的国际

① Henri Lefebvre, *The Survival of Capitalism*, Translated by Frank Bryant, New York: St Martin's Press, 1976, p.85.

② 孙江：《工业资本主义时代资本宰制空间的路径分析》，《苏州大学学报》2009 第 5 期。

③ 亨利·列斐伏尔：《空间政治学的反思》，转引自包亚明主编：《现代性与空间的生产》，上海教育出版社 2003 年版，第 62 页。

或国内的"城市论坛",而在这样的互动中,城市政府也表现出了整合专业知识分子群体、消解价值压力的突出能力。[①] 到市民抵制居住空间分配不公的社会行动兴起的时候,"政府不仅具有运作政策技巧的足够的能力,同时也已经掌握了运作意识形态、消化专业知识、同时将知识人群体隔离于社会运动的一整套娴熟的技巧。这种情况,不可避免地削弱了社会行动者们在与权力博弈的过程中凝聚公平正义压力的现实可能"[②]。

（三）文化因素

费雪在肯定芝加哥学派对空间重视的同时,引入亚文化观念,使空间与文化共同成为影响都市生活的关键因素。这样,群体亚文化的发展追求特定的空间占有方式,就形成了内卷化过程,即在外部扩张和变化被锁定和约束的情况下转向内部的精细化发展[③]。法国社会学家保尔-亨利·雄巴尔德洛韦的研究表明:"所有的社会团体都有占有居住地和城市的独特的方式。例如,在工人阶层中间,关系网在地理分布上就远不像中上层那么分散。一般而言,后者对城市空间的使用更加多样和广泛。除了居住环境的不同,社会归属以强有力的方式规定了家庭空间的布置、人际关系、日常出行和都市活动。"[④]以阶层两极的群体——底层群体和精英群体为例,由于他们明显的阶层烙印,更容易进行自愿性隔离,在心理和空间上自我凝聚,对外实施排斥和抗拒。吉登斯在对精英群体的社会排斥论述时,就指出一种是社会上层人士的自愿排斥,即所谓"精英反叛",富人群体选择离群索居,从公共机构中抽身出来;另一种是对社会底层民众的排斥,将他们排除在社会提供的主流机会之外。以贫困群体为例,人类学家刘易斯指出:为了应付因贫困而带来的问题,穷人遵循着独特的生活方式。[⑤] 这种生活方式使他们形成共同的价值、态度和行为。一旦这种贫困的亚文化在某种意义上被制度化,它就能相对独立于社会的主流文化,并自动传承下去。即使

① 陈映芳:《城市开发的正当性危机与合理性空间》,《社会学研究》2008 年第 3 期。
② 易晓峰、唐发华:《西方城市管治研究的产生、理论和进展》,《南京大学学报》2005 年第 1 期。
③ 陈云:《居住空间分异:结构动力与文化动力的双重推进》,《武汉大学学报》2008 年第 5 期。
④ 伊夫·格拉夫梅耶尔:《城市社会学》,徐伟民译,天津人民出版社 2005 年版,第 36 页。
⑤ 朱静:《城市居住空间分异的结构与文化解释》,《城市问题》2011 年第 4 期。

穷人拥有摆脱贫困的机会,也往往因难以适应新的社会环境,而继续保留贫困文化的一些特征。①。一言以蔽之,贫困文化一旦形成,就必然倾向于永恒。②。中国城市居住空间隔离或分异的产生,受到不同阶层居民文化因素的影响。共同的文化背景会促使群体在面对外来压力时表现出较强的群体意识和内部认同,产生合法平静的抵御空间。各阶层群体利用空间的隔断来维持自身的利益、价值观念或生活方式。

---

① Harold R. Kerbo, *Social Stratification and Inequality: Class Conflict in Historical, Comparative, and Global Perspective* (fifth edition), MacGraw Hill, 2003, p.272.

② Oscar Lewis, *Five Families: Mexican Case Studies in the Culture of Poverty*, New York: Basic Books, 1959, p.88.

第五章

中国特色社会主义城市居住空间正义的建构路径

中国特色社会主义城市居住空间正义的构建不仅基于中国城市居住空间非正义问题的解决，更着眼于对人类未来发展前景的理性关照。党的十八大以来，习近平总书记提出的新时代统领全局的五大发展理念对于城市居住空间正义的建构具有高瞻远瞩的引领作用。习近平新时代中国特色社会主义思想内容体系中包含着丰富的中国特色社会主义城市居住空间正义构建思想，不仅作为推进中国城市居住空间正义的行动指南，也对其他国家居住空间正义的构建乃至全球居住空间正义秩序的建立提供了“中国方案”。

第一节　中国特色社会主义城市居住空间正义的构建理念

“理念是行动的先导，一定的发展实践都是由一定的发展理念引领的。发展理念是否对头，从根本上决定着发展成效乃至成败。”[①]习近平总书记在党的十八届五中全会上提出了创新、协调、绿色、开放、共享的发展理念，强调创新发展注重的是解决发展动力问题，协调发展注重的是解决发展不平衡问题，绿色发展注重的是解决人与自然和谐问题，开放发展注重的是解决发展内外联动问题，共享发展注重的是解决社会公平正义问题，强调坚持

① 习近平：《习近平谈治国理政》(第二卷)，外文出版社 2017 年版，第 197 页。

新发展理念是关系我国发展全局的一场深刻变革。习近平总书记在党的十九大报告中强调指出："发展是解决我国一切问题的基础和关键，发展必须是科学发展，必须坚定不移贯彻创新、协调、绿色、开放、共享的发展理念。"[①]习近平总书记在党的二十大报告中充分肯定了新发展理念的作用，强调指出："贯彻新发展理念是新时代我国发展壮大的必由之路"[②]，新发展理念符合我国国情，顺应时代要求，对破解城市居住空间发展难题、增强城市居住空间发展动力、厚植城市居住空间发展优势具有重大指导意义。以新发展理念引领中国特色社会主义城市居住空间正义的构建是必然选择，即中国特色城市居住空间正义的构建应该树立创新理念、协调理念、绿色理念、开放理念、共享理念。

一、创新理念

中国特色社会主义城市居住空间正义的建构面临的根本矛盾是供需矛盾，即居住空间资源有限性与居住空间需求无限性的矛盾。随着我国人口不断增长，居住空间需求越来越大，居住空间质量要求越来越高，矛盾越来越突出。解决这些矛盾的关键在于创新。创新是引领发展的第一动力，也是城市居住空间正义建构的第一动力。

第一，创新发展城市居住空间生产力，实现城市居住空间生产由粗犷式发展向精细化发展转变。唯物史观认为，生产力是人类社会赖以生存和发展的物质基础，是社会发展的最终决定力量。生产力水平与城市化率具有紧密的联系，前者是后者的基础。经验证明，生产力水平每提高 1 个百分点，城市化率指标将提高 3.115 个百分点。[③] 解决城市化带来的居住空间问题，根本上需要发展城市居住空间生产力，为提高城市化水平提供物质保障。习近平总书记指出："实现共同富裕的目标，首先要通过全国人民共同奋斗把'蛋糕'做大做好，然后通过合理的制度安排正确处理增长和分配关

① 习近平：《决胜全面建成小康社会夺取新时代中国特色社会主义伟大胜利——在中国共产党第十九次全国代表大会上的报告》，人民出版社 2017 年版，第 21 页。

② 习近平：《高举中国特色社会主义伟大旗帜为全面建设社会主义现代化国家而团结奋斗——在中国共产党第二十次全国代表大会上的报告》，人民出版社 2022 年版，第 70 页。

③ 许抄军、赫广义、江群：《中国城市化进程的影响因素》，《经济地理》2013 年第 11 期。

系，把‘蛋糕’切好分好。”[①]对于当代中国而言，居住空间正义的建构首要任务就是解放与发展居住空间生产力，这是由我国现在还处在社会主义初级阶段的现实国情决定的。当前我国居住空间产品和资源匮乏与民众日益增长的居住空间需求之间的矛盾十分突出，只有不断发展居住空间生产，提高居住空间生产力，这些矛盾才能逐步得到解决。[②] 首先，因地制宜。在满足城市居民居住空间多元化需求的同时，提高城市居住空间利用效率，实现城市居住空间精细化发展。其次，合理规划。构建科学的城市居住空间拓展延伸规划，避免“摊大饼式”城市居住空间发展模式，合理控制城市开发边界，严格控制城市建设用地规模，逐步提升土地空间利用效率。最后，城乡一体化。以城乡一体化建设为重要突破口。城市化是实现城乡融合，消灭城乡对立的过程，通过城乡一体化建设，创新发展居住空间生产力，为实现城市化奠定必要的物质前提。

第二，创新利用居住空间生产资本。在中国特色社会主义新时代，对居住空间生产资本的利用要遵循以人民为中心的原则，即关注并切实解决与最广大人民群众利益相关的居住空间不足问题，这是马克思主义社会建设理论的出发点和落脚点。“资本主义社会的资本和社会主义社会的资本固然有很多不同，但资本都是要追逐利润的。”[③]居住空间生产资本逐利的本性与社会主义社会公平正义的价值追求相矛盾。因此，如何在社会主义市场经济条件下发挥居住空间生产资本的积极作用，同时有效控制居住空间生产资本的消极作用，实现居住空间生产资本和市场经济与社会主义制度的结合，即达到利用居住空间生产资本为社会主义社会建设服务的目的？根据 2021 年中央经济工作会议精神，要为居住空间生产资本设置“红绿灯”，依法加强对居住空间生产资本的有效监管，防止居住空间生产资本野蛮生长。注重效率兼顾公平，既要发挥居住空间生产资本在资源配置中的积极作用，激发社会力量创造美好生活。同时，又要以人民为中心的价值原则，为居住空间生产资本设置“红绿灯”，充分保证弱势群体的居住空间权益。

---

① 习近平：《正确认识和把握我国发展重大理论和实践问题》，《求是》2022 年第 10 期。

② 王志刚：《马克思主义空间正义的问题谱系及当代建构》，《哲学研究》2017 年第 11 期，第 24 页。

③ 习近平：《正确认识和把握我国发展重大理论和实践问题》，《求是》2022 年第 10 期。

第三，创新完善住房保障制度。住房保障的实现需要社会制度的支撑。习近平总书记在党的十九大报告中明确指出："坚持房子是用来住的、不是用来炒的定位，加快建立多主体供给、多渠道保障、租购并举的住房制度，让全体人民住有所居。"[①]在党的二十大报告中再次强调："坚持房子是用来住的、不是用来炒的定位，加快建立多主体供给、多渠道保障、租购并举的住房制度。"[②]多主体供给是指政府、产业部门、社会组织乃至购房者等多主体参与共同实现住房保障；多渠道保障是指在多主体参与、协同联动的基础上利用一切可以利用的形式有效解决群众住房问题；租购并举则是现实有效的重要渠道，它要求打破以往以购房为单一形式的住房保障机制。在购房门槛颇高的当下，租房成为当下年轻人住房首选。《2021 中国青年租住生活蓝皮书》显示，预计在 2030 年中国租房人口将达到 2.6 亿，住房租赁市场规模近 10 万亿元。年轻化是新生代租客标志性的特征之一。从基础的年龄构成来看，在城市租住人群中，30 岁以下占比超过 55%。[③] 由此，高度重视保障性租赁住房建设，为完善住房保障体系指明了方向，成为解决大城市住房突出问题的重大举措。2019 年，住建部会同专家学者开展调研，提出发展政策性租赁住房的创新举措。政策性租赁住房由政府给予政策支持、多主体投资、多渠道供给、租金低于周边同品质的租赁住房，为新市民提供与其经济能力相匹配的"一张床""一间房"或"一小套房"，让他们能够先在城市安居，等有一定支付能力后再租赁商品住房或购买共有产权住房、商品住房。[④] 2020 年底中央经济工作会议强调"高度重视保障性租赁住房建设""加快完善长租房政策"，并确立为 2021 年经济工作八项重点任务之一。2021 年政府工作报告中指出："切实增加保障性租赁住房和共有产权住房供给""尽最大努力帮助新市民、青年人等缓解住房困难"。"十四五"规划和

---

① 习近平：《决胜全面建成小康社会夺取新时代中国特色社会主义伟大胜利》，人民出版社 2017 年版，第 60 页。

② 习近平：《高举中国特色社会主义伟大旗帜为全面建设社会主义现代化国家而团结奋斗——在中国共产党第二十次全国代表大会上的报告》，人民出版社 2022 年版，第 48 页。

③ 中国住房租赁行业市场数据调研报告 2022[EB/OL].中研网，https://www.chinairn.com/hyzx/20220610/174807853.shtml，2022 - 6 - 10。

④ 解决好大城市住房突出问题[EB/OL].新华网，http://m.xinhuanet.com/house/2021 - 02/03/c_1127057414.htm，2021 - 2 - 3。

2035年远景目标纲要明确提出，“加快培育和发展住房租赁市场，有效盘活存量住房资源，有力有序扩大城市租赁住房供给”。这一系列创新性“兜底政策”的出台，极大地完善了住房保障制度，促进了城市居住空间正义的发展。

二、协调理念

“协调既是发展手段又是发展目标，同时还是评价发展的标准和尺度”[①]。协调，注重解决的是城市居住空间建设发展不平衡的问题。中国特色社会主义城市居住空间正义的建构主要需要协调好中央与地方政府的关系、政府与市场的关系、政府与社会的关系。

第一，协调处理城市居住空间生产过程中中央与地方政府的关系。核心问题在于如何加强中央政府对地方政府在居住空间生产与分配过程中的调整、规范、引导功能。首先，加强宏观指导，防止地方保护主义。加强中央政府对地方政府城市居住空间生产与分配的宏观统筹和指导，运用法治调适和纠偏地方政府行为，通过法治化渠道确保中央层面的城市居住空间政策、规划、战略有效的贯彻和执行，防止形成地方保护主义。其次，管控地方政府与资本的关系。中央政府要及时调整地方政府与资本的关系，防止一些地方政府与资本联合在居住空间生产与分配中不当获利行为，保障市民居住空间权益。最后，引导地方政府关注居住空间公共性和平等性问题。为改善不平衡的社会居住空间结构，走向以改善市民居住空间为导向的城市居住空间生产道路，地方政府应该提供有效的居住空间产品供给、公平的居住空间产品分配，把城市居住空间产品尤其是土地溢价所获得的财政收入用于提供公共物品，进行社会化的分配，使居住空间生产的财富效应成为社会整合的物质基础[②]。

第二，协调处理城市居住空间生产过程中政府与市场的关系，做到有为政府与有效市场相结合。习近平总书记指出：“在市场作用和政府作用的问

---

① 中共中央宣传部：《习近平总书记系列重要讲话读本》，学习出版社2016年版，第133—134页。

② 赵杰、张军、孔曙光：《强制与整合——中国空间生产的政治经济学分析》，《社会科学》2014年第3期。

题上，要讲辩证法、两点论，‘看不见的手’和‘看得见的手’都要用好，努力形成市场作用和政府作用有机统一、相互补充、相互协调、相互促进的格局。”①“使市场在资源配置中起决定性作用和更好发挥政府作用，二者是有机统一的，不是相互否定的，不能把二者割裂开来、对立起来。”②如何处理好政府这只“看得见的手”与市场这只“看不见的手”的关系，是实现城市居住空间正义过程中需要重点关注的问题。首先，坚持党的全面领导，发挥党总揽全局、协调各方的领导核心作用。在推动有效市场和有为政府更好结合的过程中，要切实发挥各级党组织和党员作用，以党的政治优势、组织优势等形成有效市场和有为政府有机结合的体制优势，推动城市居住空间正义的构建。其次，保证市场在城市居住空间资源配置中发挥决定性、基础性作用。加快建设统一开放、竞争有序的市场体系，建立公平开放透明的市场规则，防止居住空间资本无序扩张，强化市场监管，让市场配置居住空间资源实现效益最大化和效率最优化。最后，加强政府宏观调控对市场主体的引导与监管，既积极引导市场主体参与城市居住空间生产，又严格监管过度的居住空间资本化，保证市场运行的社会主义方向。

第三，协调处理城市居住空间生产过程中政府与社会的关系。城市建设要贯彻以人民为中心的发展思想，让人民群众生活更幸福，这条原则决定了政府必须在城市居住空间建设发展过程中纳入广泛的社会主体，引导和培育社会力量参与，这是在城市居住空间建设发展中优化政府与社会关系的核心问题。首先，广泛动员，积极引导。城市居住空间发展实践中，社会力量既是重要主体也是服务对象，他们能否广泛参与城市居住空间的规划、生产、分配等环节对于形成共建共享的城市社会格局至关重要。随着社会主体居住空间权益诉求的多样化、复杂化，政府有必要广泛动员、积极引导社会主体参与城市居住空间建设发展，满足城市居民日益增长的居住空间权利需求。其次，及时有效回应。当部分城市居民缺乏相应的意愿、能力和资源表达居住空间利益诉求，或者被排斥在城市居住空间政策议程设置之外，或者关于城市居住空间规划的建议受到限制，地方政府应及时有效的回

① 习近平：《习近平谈治国理政》，外文出版社 2014 年版，第 116 页。
② 习近平：《习近平谈治国理政》，外文出版社 2014 年版，第 117 页。

应他们的居住空间权益诉求。最后，提供实质性帮助。在城市改建、居住空间建设规划和公共服务空间供给等特定领域，部分市民居住空间权益表达与参与权利无法完全实现。政府应提供实质性的帮助，使其能够参与城市居住空间政策议程，实现其城市权利。

三、绿色理念

“绿色是永续发展的必要条件和人民对美好生活追求的重要体现。”①习近平总书记在党的二十大报告中指出：“推动绿色发展，促进人与自然和谐共生。大自然是人类赖以生存发展的基本条件。尊重自然、顺应自然、保护自然，是全面建设社会主义现代化国家的内在要求。”②城市居住空间是生活发生的场所，场所是环境与人互惠的地方。中国特色社会主义城市居住空间正义的构建树立绿色理念，就是强调城市居住空间建设发展必须尊重自然、顺应自然、保护自然，不以牺牲环境为代价换取居住空间数量增长和经济绩效，也不以牺牲未来的环境来换取今天的居住空间建设与发展。中国特色社会主义城市居住空间具有绿色生态环境与和谐人文环境，以达到城市居住空间人与社会、人与自然的和谐共生。

第一，注重城市居住空间的生态环境建设。良好的绿化、清洁的空气和干净的水源等优良的生态环境是城市居住空间建设的自然本底条件。“一处好的环境意象能够使拥有者在感情上产生十分重要的安全感，能由此在自己与外部世界之间建立协调的关系，它是一种与迷失方向之后的恐惧相反的感觉。”③人与自然和谐是构建城市居住空间正义的基础，重视居住空间建设的人与自然和谐发展，不仅强调舒适的气候、优美的自然环境，还注重城市生态环境保护与环境污染治理。首先，建设生态居住空间。2015 年中央城市工作会议明确指出：“城市建设要以自然为美，把好山好水好风光融入城市”，“留住城市特有的地域环境”，“努力把城市建设成为人与人、人

① 中共中央关于制定国民经济和社会发展第十三个五年规划的建议[DB/OL].中央政府门户网站，http://www.gov.cn/xinwen/2015-11/03/content_5004093.htm，2015-11-03。

② 习近平：《高举中国特色社会主义伟大旗帜为全面建设社会主义现代化国家而团结奋斗——在中国共产党第二十次全国代表大会上的报告》，人民出版社 2022 年版，第 49—50 页。

③ ［美］凯文·林奇：《城市意象》，方益萍、何晓军译，华夏出版社 2001 年版，第 3 页。

与自然和谐共处的美丽家园”。① 建设生态居住空间的前提是维护好城市自然环境，把好山好水好风光融入城市，让居民享受到自然之美。需要加大对城市范围内森林、湿地等生态系统的保护，修复和改善城市内山水、河流等自然生态环境，增加城市绿色空间，合理布局城市公园和绿地，改善居住环境。其次，控制城市居住空间无序扩张。大型城市“摊大饼”式的蔓延扩张方式容易诱发城市病，秉持绿色理念需要有效遏制城市居住空间的盲目扩张。科学划定城市居住空间增长边界，促进城市发展由外延扩张型向内涵提升型转变。最后，治理城市居住环境污染。坚持精准治污、科学治污、依法治污，持续深入打好蓝天、碧水、净土保卫战。加强污染物协同控制，基本消除重污染天气。统筹水资源、水环境、水生态治理，推动重要江河湖库生态保护治理，基本消除城市黑臭水体。加强土壤污染源头防控，开展新污染物治理。提升环境基础设施建设水平，推进城乡人居环境整治。②

第二，注重城市居住空间的人文环境建设。首先，提高城市公正性。城市发展应更加公平和包容，使每个城市居民各得其所，获得尊重，机会平等，共享城市发展成果。积极应对不同人群的需求，帮助解决中低收入家庭的住房问题，优先考虑弱势群体的切身利益和实际困难，为不同阶层的居民提供平等的发展机会。提倡公众参与城市和社区建设的重大决策活动，使城市规划、建设和管理更加民主化、透明化。其次，提高城市多样性。在居民城市生活的方方面面体现城市的多元性、差异性、互补性和融合性，提供多元化的城市公共服务，培育包容性的社会观念和行为模式，形成多样化和丰富多彩的城市发展环境，促进不同人群的融合和尊重，构建精彩的社会文化环境。最后，提高城市人文性。城市的历史遗存和特有文化是市民永恒的记忆和精神家园，城市发展应保留城市特有的历史风貌、建筑特色、街区肌理、人文风格等。

四、开放理念

开放发展理念是在深刻总结国内外城市发展经验教训的基础上形成

① 中央城市工作会议在北京举行[DB/OL].新华网，http://news.xinhuanet.com/politics/2015-12/22/c_1117545528.htm，2015-12-22。

② 习近平：《高举中国特色社会主义伟大旗帜为全面建设社会主义现代化国家而团结奋斗——在中国共产党第二十次全国代表大会上的报告》，人民出版社 2022 年版，第 50—51 页。

的，也是针对我国城市发展中的突出矛盾和问题提出来的。只有开放发展才能有效吸取国内外城市居住空间正义的构建经验，只有开放发展才能以更加包容的心态总结我国城市居住空间正义构建面临的问题，制定未来的发展路向。中国特色社会主义城市居住空间正义的构建树立开放理念，注重的是解决城市居住空间发展内外联动问题，具体体现在城市居住空间生产的开放、城市居住空间区域的开放、城市居住空间规划的开放等方面。

第一，城市居住空间生产的开放。在城市居住空间生产问题上应进一步解放思想、开拓思路，通过居住空间生产信息、资金、主体的开放，整合社会各界力量和资源，构建多元化建设主体，扩大住房的社会供给，探索多种形式的住房保障形式。首先，信息开放。打破主要由政府相关部门和房地产开发企业垄断的、封闭的住房政策信息网络，公开住房政策信息，放松住房信息管制，鼓励公民表达和参与住房政策制定过程，推动住房政策创新。开阔眼界，积极借鉴各国居住空间生产经验，合理界定政府、市场、社会和个人在解决住房问题方面的责任，扩大住房保障的政策工具选择范围。其次，资金开放。改变公共财政的预算过程，加大住房保障的投资，推动住房保障制度的完善和有效实施。鼓励和吸引社会资本参与建设保障性住房，充分调动民间投资积极性，发挥民间资本作用，鼓励非营利组织参与，运用捐赠资金支持保障性住房建设等。最后，主体开放。允许并鼓励非营利组织和志愿机构参与住房建设和供应，对合作建房等采取积极态度，进行政策创新，引导社会力量解决住房问题，消除政策和法律方面的限制，在土地、信贷、税率等方面提供便利、支持和鼓励。2016 年 2 月 6 日发布的《中共中央 国务院关于进一步加强城市规划建设管理工作的若干意见》指出："创新棚户区改造体制机制，推动政府购买棚改服务，推广政府与社会资本合作模式，构建多元化棚改实施主体，发挥开发性金融支持作用。积极推行棚户区改造货币化安置。"[①]正是城市居住空间生产开放的积极有益的尝试。

第二，城市居住空间区域的开放。城市居住空间格局的基本特征就是围墙社区或门禁社区，无论过去单位制社区还是今天商住社区，均通过社区

---

① 中共中央 国务院关于进一步加强城市规划建设管理工作的若干意见［DB/OL］.中国政府网，http://www.gov.cn/zhengce/2016-02/21/content_5044367.htm，2016-2-21。

围墙、隔离带或者马路把高档楼盘与低档居住区有意识地进行隔离，社区围墙阻隔了社区内外资源共享，一墙之隔，天壤之别，成为城市居住空间分异下的贫富“楚河汉界”，这在客观上成了不同阶层空间隔离的鸿沟，使得不同的社会阶层呈现固化状态。此外，门禁小区和单位大院影响了路网的布局，形成了“丁字路”“断头路”，是造成交通拥堵的重要原因之一，影响了社区居民的出行。要打造共建共治共享的居住格局需要加强城市居住空间人员的融合，引入城市社区居住融合机制。《中共中央国务院关于进一步加强城市规划建设管理工作的若干意见》指出：“新建住宅要推广街区制，原则上不再建设封闭住宅小区”“已建成的住宅小区和单位大院要逐步打开，实现内部道路公共化。”①街区制是对世界城市规划经验的总结，也是发达国家通行的做法，有利于加强社区各类组织和社区居民相互的情感交流，缓解因人口流动和阶层分化而造成的隔阂、撕裂与离散，有助于形成共建共享的居住格局。街区制是中国特色社会主义城市社区居住融合机制的典型形式。

第三，城市居住空间规划的开放。有效的公众参与是实现城市居住空间合理规划的基本路径之一。联合国人居署提出的良好城市治理原则特别强调公众参与，公众参与被认为是城市决策过程中的一项关键策略，参与过程被理解为多方信息交流、规划设计阶段的社区参与和多阶段的协商过程。② 总体上看，城市居住空间规划的公众参与，既包括公共决策层面的参与，也包括具体的城市居住空间开发项目上的公众参与。公共决策层面的公众参与目的是通过公众对居住空间政策制定和编制过程的参与，形成全社会对城市居住空间未来发展的共识，使之能够准确反映人民群体的物质文化生活需要，提高城市居住空间规划决策透明度和民主化。城市居住空间开发项目上的公众参与，目的是通过公众尤其是利益相关者对城市居住空间规划设计方案、居住空间利用与布局的协商、监督、反馈等过程的参与，充分尊重和理解个性化和差异化的居住空间权利诉求，强化城市居住空间规划的人本性，夯实城市居住空间规划成果的群众基础，并尽可能达成城市

① 中共中央 国务院关于进一步加强城市规划建设管理工作的若干意见［DB/OL］.中国政府网，http://www.gov.cn/zhengce/2016-02/21/content_5044367.htm，2016-2-21。

② UN HABITAT，Sustainable Action Planning，*Inclusive and Sustainable Urban Planning: A Guide for Municipalities*，2007，vol.4.

居住空间规划过程中各方利益的相对均衡。[①] 政府应为市民提供接触、交流、互动的平台，使他们能够在城市居住空间规划过程中进行利益表达，发表个人意见，对城市居住空间规划施加影响，推进话语权的平衡发展，消除主流价值规范对弱势群体的话语支配。同时，政府应从市民中汲取思想资源，发挥多元主体的能动性作用，探索城市居住空间规划社会参与机制和合作机制，通过市民的广泛参与及时发现问题，实现城市居住空间规划的精细化。

五、共享理念

习近平总书记在党的二十大报告中强调指出："坚持以人民为中心的发展思想。维护人民根本利益，增进民生福祉，不断实现发展为了人民、发展依靠人民、发展成果由人民共享，让现代化建设成果更多更公平惠及全体人民。"[②]共享发展注重的是解决社会公平正义问题。习近平总书记多次强调，"使发展成果更多更公平惠及全体人民，朝着共同富裕方向稳步前进"[③]。"破解新时代人民日益增长的美好生活需要和不平衡不充分发展之间的矛盾，关键在共享。"[④]发展为了人民、发展依靠人民、发展成果由人民共享是共享发展理念的根本价值立场。共享发展理念在基点上要求维护每个人的权益，在前提上强调责任共担与成果共享，在内容上突出共同富裕、权利平等与精神自由，在保障上注重制度公正与共享精神的发扬，在旨归上追求人的自由全面发展。以共享发展理念作为构建中国特色社会主义城市居住空间正义的价值引导，在居住空间生产与居住空间资源配置过程中注重公平正义的实现，构建起共建与共享并举的城市居住空间模式，可以有效破解当前城市居住空间发展的困境。

第一，大力提供能够满足不同层次需要的居住空间产品，在保障市民基本居住需求的基础上逐步实现"居住满意"。习近平总书记指出："实现共同

---

① 秦红岭：《共享与善治：未来城市规划的价值诉求》，《人民论坛》2020 年第 4 期。

② 习近平：《高举中国特色社会主义伟大旗帜为全面建设社会主义现代化国家而团结奋斗——在中国共产党第二十次全国代表大会上的报告》，人民出版社 2022 年版，第 27 页。

③ 习近平：《习近平谈治国理政》，外文出版社 2014 年版，第 13 页。

④ 朱春奎：《建设以人民为中心的共享城市》，《上海城市管理》2018 年第 6 期。

富裕的目标，首先要通过全国人民共同奋斗把‘蛋糕’做大做好，然后通过合理的制度安排正确处理增长和分配关系，把‘蛋糕’切好分好。”[①]只有增长发展才能把蛋糕做大，有更多机会，使更多人受益。只有通过大力发展居住空间生产力，提供更多的居住空间产品，在保障市民基本居住需求的基础上，生产出更加丰富、更高品质的居住产品，满足广大人民日益增长的美好居住需要，从而激发人民群众作为社会物质财富和精神财富创造者的主体活力与动力。坚持“房子是用来住的、不是用来炒的”定位，如此才能保障人们日益增长的美好居住生活需要与社会经济发展水平相适应的满足程度，真正体现以人民为中心，共享改革开放的成果。

第二，保障市民拥有平等的居住权，逐步实现居住共享。习近平总书记指出：“共享是全民共享”“共享发展是人人享有、各得其所，不是少数人共享、一部分人共享”[②]“生活在我们伟大祖国和伟大时代的中国人民，共同享有人生出彩的机会，共同享有梦想成真的机会，共同享有同祖国和时代一起成长与进步的机会”。[③] 居住共享强调人人享有、各得其所而非由少数人或一部分人私享的居住理念，要求兼顾不同社会阶层的多元化居住需求，充分保障社会不同主体的居住权益，这既是对公平正义价值原则的现实体现，更是对社会主义制度优越性的有效彰显。“美好城市应该让每个人享有同等机会。每个市民都有资格享受宜居的环境，获得认同感、控制力和机会。”[④]“如果城市的某项政策不得不产生某种不平等，乃是因为他们必须建立在公平的机会均等和符合最少受惠者得最大利益的基础之上”[⑤]共享理念要求城市居住空间生产不仅要以效益、速度、总量作为评价标准，而且要以公平、和谐、共享作为衡量标尺，努力使全体人民的基本居住权益都能得到保障和落实。[⑥]

① 习近平：《正确认识和把握我国发展重大理论和实践问题》，《求是》2022 年第 10 期。
② 习近平：《习近平谈治国理政》（第二卷），外文出版社 2017 年版，第 215 页。
③ 习近平：《习近平谈治国理政》，外文出版社 2014 年版，第 40 页。
④ ［美］艾伦. B. 雅各布斯：《美好城市——沉思与遐想》，高杨译，电子工业出版社 2014 年版，第 178 页。
⑤ 秦红岭：《城市规划——种伦理学批判》，中国建筑工业出版社 2010 年版，第 72 页。
⑥ 张彦、王长和：《论居住正义对共享发展理念的体现与实现》，《西北工业大学学报》2019 年第 4 期。

第三，坚持共建共享，逐步实现居住正义。习近平总书记指出："共享是共建共享""共建才能共享，共建的过程也是共享的过程"。[①] "共建共享"即共同建设、共同享有，"共建"体现发展的主体性，凸显人在城市居住空间发展过程的主体性地位；"共享"体现发展的目的性，核心要义在保障个人对居住空间资源享有的"权利正义"。共享以共建为基础，离开共建，共享只是空想，共建以共享为目的，离开共享，共建失去了价值引领。两者是互为前提、相辅相成的有机整体。只有同时做到对住房产品及其资源的共建共享，才能充分激发建设主体积极性、创造性，促进居住空间生产力的发展。首先，"共建共享"强调参与主体多元性，主张所有人都应作为城市居住空间生产主体存在，通过参与对城市居住空间规划与设计，保证参与正义，这是实现城市居住空间正义的前提。其次，"共建共享"价值诉求是全民与全面共享。习近平总书记指出："共享是全面共享""共享发展就要共享国家经济、政治、文化、社会、生态各方面建设成果，全面保障人民在各方面的合法权益"[②]。全民共享是指所有城市市民对居住空间产品平等的充分享有。让广大人民群众共享改革发展成果，是社会主义的本质要求，是社会主义制度优越性的集中体现，是我们党坚持全心全意为人民服务根本宗旨的重要体现。全面共享是指居住空间资源和设施都被均衡合理享有。最后，"共建共享"实践目标是通过渐进共享，逐步实现居住正义。习近平总书记指出："共享是渐进共享""共享发展必将有一个从低级到高级、从不均衡到均衡的过程，即使达到很高的水平也会有差别"[③]"共享理念实质就是坚持以人民为中心的发展思想，体现的是逐步实现共同富裕的要求"[④]。居住正义是一个长远目标，需要一个渐进共享的过程。"我们不能做超越阶段的事情，但也不是说在逐步实现共同富裕方面就无所作为，而是要根据现有条件把能做的事情尽量做起来，积小胜为大胜，不断朝着全体人民共同富裕的目标前进。"[⑤]一方面，要把握社会主义初级阶段基本国情，发扬钉钉子精神，锲而不舍长期

---

① 习近平：《习近平谈治国理政》(第二卷)，外文出版社 2017 年版，第 215 页。
② 习近平：《习近平谈治国理政》(第二卷)，外文出版社 2017 年版，第 215 页。
③ 习近平：《习近平谈治国理政》(第二卷)，外文出版社 2017 年版，第 216 页。
④ 习近平：《习近平谈治国理政》(第二卷)，外文出版社 2017 年版，第 214 页。
⑤ 习近平：《习近平谈治国理政》(第二卷)，外文出版社 2017 年版，第 214—215 页。

奋斗，以更有效的举措不断推进居住正义。另一方面，推动居住正义要尽力而为量力而行，在经济可持续发展的基础之上，逐步提高人民居住水平，满足人民对美好居住生活的需要。

第二节　中国特色社会主义城市居住空间正义的制度基础与法律保障

习近平总书记在党的二十大报告中总结十年来改革开放和社会主义现代化建设中长期积累及新出现的突出矛盾和问题时强调指出："一些深层次体制机制问题和利益固化藩篱日益显现。"①"不论处在什么发展水平上，制度都是社会公平正义的重要保证。"②制度与法律体系是城市居住空间正义的依据，合理制度与公共政策的制定与实施是落实和保障城市居住空间正义的行政机制。社会主义初级阶段特有的与居住空间正义直接相关的土地制度、金融制度、税收制度、住房保障制度等制度体系构成了我国城市发展特殊的动力机制，也成为城市居住空间非正义现象的深层动因。

一、制度基础

1. 土地制度

我国社会主义经济制度的基础是生产资料的社会主义公有制，即全民所有制和劳动群众集体所有制。土地是最基本的生产资料，土地的社会主义公有制是我国土地制度的核心，也是我国土地管理法等一系列土地立法的基础，成为我国居住空间正义实现的重要保障。

第一，城乡二元的土地公有制。也称"双轨"土地所有制——全民所有制和劳动群众集体所有制。全民所有，即国家所有土地的所有权由国务院代表国家行使。城市市区的土地属于国家所有。农村和城市郊区的土地，除由法律规定属于国家所有的以外，属于农民集体所有；宅基地和自留地、

① 习近平：《高举中国特色社会主义伟大旗帜为全面建设社会主义现代化国家而团结奋斗——在中国共产党第二十次全国代表大会上的报告》，人民出版社 2022 年版，第 5 页。

② 习近平：《习近平谈治国理政》，外文出版社 2014 年版，第 97 页。

自留山，属于农民集体所有。任何单位和个人不得侵占、买卖或者以其他形式非法转让土地。土地使用权可以依法转让。国家为了公共利益的需要，可以依法对土地实行征收或者征用并给予补偿。也就是说，我国所有的城市土地均为国有，国家拥有分配土地资源的权力，国家规定和管制城乡土地的用途。集体不可以购买国有土地，国家为了公共利益的需要可以征收集体土地。在现行的法律框架下，集体经济组织拥有土地占有权、使用权、收益权，而没有完全的处分权，农村集体土地通过国家的征收改变所有权主体和所有权性质。

第二，各级政府代为行使城市土地权能。我国城市市区的土地属于国家所有即全民所有，国家所有土地的所有权由国务院代表国家行使。具体由各级政府代理行使城市土地的权能，保证城市土地所有的权能为全体人民掌握，并且全体人民有权分享城市土地各种权能所生产的成果。在现实的居住空间生产实践中，地方政府拥有分配城市土地资源的权力，主导城市土地权能使用与变更。

第三，征地补偿制度。国家为了公共利益的需要，可以依法对土地实行征收或者征用并给予补偿。土地征用是国家依照法律规定的条件和程序，将集体所有的土地收归国有的一种措施。从现行的《土地管理法》的相关规定来看，征收土地应当给予公平、合理的补偿，保障被征地农民原有生活水平不降低、长远生计有保障。我国《房地产管理法》也规定，为了公共利益的需要，国家可以征收国有土地上单位和个人的房屋，并依法给予拆迁补偿，维护被征收人的合法权益；征收个人住宅的，还应当保障被征收人的居住条件。具体办法由国务院规定。

从居住空间正义的角度而言，我国土地制度和相关政策还存在进一步完善的空间。

第一，理顺产权关系，实现城乡土地产权平等。首先，理顺国家土地所有权与集体土地所有权的关系。使得国家土地所有权与集体土地所有权法律地位平等，赋予集体土地所有权以完全的权能。其次，理顺土地管理权力与土地财产权利的关系。土地管理权力是指服务于国家和社会的土地利用公共目标的公权力。要明确规范土地管理公权力存在和行使的范围和程序等，约束公权力按法定权限和程序行使，不能随意动用公权力侵犯私权利，公权不能无偿侵占私权合法的财产权益。当行使公权力给私权利人的财产权利带来损失时，应给予合理的补偿。

第二，尊重农民的财产权利，建立公开、公正的征地程序。首先，完善征地和拆迁程序。从征地之前的听证程序、协商谈判和表决程序、公告程序、申诉和争议仲裁程序等方面入手，完善征地和拆迁程序。原土地权利人拥有充分的知情权、参与权，有权参与全过程，对土地赔偿等问题的争议可以协商、申述直至由法院仲裁。由司法机关按照司法程序解决征地纠纷，尽可能地减少政府对征地纠纷裁决的参与。对政府征地违法行为，农民可以寻求司法救济，申请国家赔偿。其次，完善土地征用补偿机制。在土地征用补偿过程中确保被征地农民的知情权、参与权和监督权。征地补偿方案应由征地方的政府和被征地方的农民双方平等协商确定，严格实行征地公告及征地补偿登记制度，提高征地补偿标准，加强对征地补偿安置经费的分配和使用监管，确保专款专用。

2. 金融制度

自1998年住房货币化制度改革以来，中国住房金融体系经过了二十多年的高速发展，极大提高了人民生活居住水平，促进了经济快速增长。住房市场化改革使居民的住房状况发生了显著的变化，城市人均建筑面积和农村人均住房面积比1998年翻了一番，有力促进了居住空间正义的实现。但是，由于我国住房金融业务起步较晚，住房金融体系还需要进一步完善。

第一，1998年央行公布的《个人住房贷款管理办法》(银发[1998]190号)是中国住房金融信贷最为重要的政策文件之一。它确定了中国住房金融市场发展的基本方向，建立起了中国特色的“银行为主、信贷为主、一级市场为主”住房金融市场体系。这样的住房金融体系使得住房融资相对单一，对商业银行信贷依赖程度过高、政策性住房金融发展相对滞后、住房金融市场结构还需进一步优化。

第二，中国目前大多数住房金融制度及政策安排是从发达市场经济国家引入，面临本土化合理发展的问题。比如，个人按揭贷款市场准入门槛相对较低，在大多数国家，个人住房按揭贷款每个月还款的比重不超过家庭月支配收入的28%—35%，我国可以达到50%。这就对个人收入证明的可信度、办理住房金融业务时对贷款人审查严格程度、贷款人信息的完整性和真实性提出了更高的要求,如何有效避免住房金融风险的增加是住房金融体系发展和完善的核心问题。

为了保证住房市场健康持续的发展,促进居住空间正义的实现,需要对中国现行的住房金融制度与政策进行进一步调整与改革,建立起一套符合中国国情的住房金融支持体系。具体可以从以下几个方面入手:

第一,大力加强政策性住房金融体系建设,并与商业性住房金融体系实现切割。建立商业性与政策性两者并行的住房金融体系。

第二,力求建立多层次的新的住房金融市场,利用不同融资方式、不同金融产品、不同金融市场,来满足多层次住房融资需求。

第三,加快建立现行住房贷款风险分担制度,针对风险高的制度安排进行全面改革。建立住房金融市场风险的监测与防范系统。加强住房金融市场信息收集、整理、研究与分析。

第四,在国家层面制定住房金融的统一立法,通过法律方式来界定住房金融市场的功能及利益关系,不让住房金融市场成为少数人谋利的工具。①

3. 税收制度

房地产市场的发展在提高人民的生活居住水平的同时,给国家创造了大量税收,房地产行业已经成为我国市场经济中的支柱产业。近年来,由于我国房地产市场发展过热,高投资高房价,增加了人民生活的负担,政府制定出一套房地产税收制度来调节房地产市场。总体而言,这些税收制度及相关政策推进了房地产市场向健康有序的方向发展,调节了社会财富分配,促进了社会公平。但是,从居住空间正义实现的角度而言,我国房地产税制建设仍存在较大空间。

第一,进一步完善分税制体制。1994 年实施的分税制改革,实行了有利于中央财政的税种划分和税收分享比例,未能划清各级政府的事权和财政支出责任,财权上收、事权下放。地方政府事权与财力不相匹配,大量的事权由地方政府来履行,地方政府却没有相应的财权,使得地方政府千方百计寻求税收以外的收入来源,于是通过土地出让和房产开发所得作为体制外收入途径的重要来源弥补财政赤字,从而形成过度依赖“土地财政”的地

① 易宪容、郑丽雅:《中国居住正义的理论研究》,中国社会科学出版社 2020 年版,第 73—75 页。

方财政收入结构。要平衡房价，真正实现房地产商品化，就要从根本上完善分税制体制，平衡地方与中央的财力和责任。

第二，进一步完善住房税收政策。当前我国对不动产税征收，注重不动产转让环节、不动产取得和所得环节征税，而对不动产的保有环节征税相对偏低，在我国相应的财产税制度还未健全的情况下，这种“重流转、轻保有”的税收制度结构，未能有效发挥流转税对资源配置的作用、财产税对存量财富调节的作用，而且在一定程度上误导了房地产市场发展方向，增加了制度性交易成本，不利于社会公平、和谐共赢。好的住房税收政策可以调整住房市场的行为，平衡城市居民的住房福利水平。现有住房税收政策亟待进一步完善和发展。

房地产税收制度的根本目的是为了保障人民住有所居、安居乐业，在公平正义中共享改革发展的成果。从这一根本目的出发，我国房地产税制建设可以从以下方面展开：

第一，改革财政税收体制。针对分税制带来的地方政府事权与财权不相匹配问题，需要保证地方政府在财政上有一个规范稳定的收入来源，地方财政能得到法律的保障。财政税收体制改革的主要方向在于实现地方财政从现行土地财政向公共财政的转型。公共财政是指城市政府主要以税收形式取得财政收入，而不是依赖出让土地获取收入，政府职能主要在于提供公共服务，而非搞投资建设。当城市政府财政收入不再依赖土地财政、企业税收之后，城市居住空间正义的实现才能得到有力的保障。

第二，完善住房市场税收政策。完善住房市场税收政策贯穿住房的开发、销售、租赁、持有等全部环节。在房地产开发方面，可以通过税收的补助与减免来鼓励房地产开发商生产政府住房目标所设定的产品；在住房流转与交易环节，可以对购买住房者及有房者税收的补贴与减免；住房租赁方面，为了保护中低收入家庭基本的居住条件，进一步完善租赁市场的税收优惠政策；通过有效的不动产税收政策来保护绝大多数民众的利益，来增加地方财政收入。[①] 开征房地产税是促进国家有效治理现代化和推动现代社会文明的重要方式，也是调整完善中国房地产市场乱象的重要经济杠杆。

① 易宪容、郑丽雅：《中国居住正义的理论研究》，中国社会科学出版社 2020 年版，第 75—78 页。

4. 住房保障制度

党的十八大以来，在以习近平同志为核心的党中央领导下，我国住房保障工作取得了历史性成就。住房保障体系不断完善，保障性住房建设稳步推进，住房保障能力持续增强。我国加快建立以公租房、保障性租赁住房和共有产权住房为主体的住房保障体系，建立了一套较为完整的住房保障政策和管理制度，有力缓解了低收入者或特殊群体的居住难问题。居者有其屋是城市居住空间正义的基本体现，需要住房保障制度进一步加以规范和落实。

第一，加强法律保障。中国政府致力于保障性住房的开发建设并取得了举世瞩目的成就，亟需通过专门法律、法规性文件来说明什么是保障？什么是应保障的对象？需要通过《宪法》这一国家根本大法确立居民的基本住宅权，制定颁布住房保障的专门法律以及房地产业的专门法律。如果居民享有基本住宅权未能确立，就很难树立正确的保障性住房建设的指导思想，保障性住房法的缺失，容易造成保障性住房建设缺乏强制性与权威性的发展依据和指引。目前，我国保障性住房建设依据主要是各级政府颁布的各类文件规定，相对缺乏法律的硬约束，容易呈现出多变性的特征，亟需有效的法律保障。

第二，完善住房公积金制度。首先，公积金覆盖范围有待进一步扩大。我国公积金的使用尚未能做到“损有余补不足”，存在部分中低收入阶层由于单位效益差，交不起公积金，因而难以改善住房条件的现象，而高收入阶层由于单位效益好，交的公积金数额很高，因而得到更多的住房补贴，造成公积金实际使用中的公平公正问题，需要进一步扩大公积金覆盖范围，尤其需要覆盖经济效益差的单位职工、个体私营职工以及农民工等最需要公积金保障的群体，增强住房公积金制度的公平公正性。其次，公积金缴存比例与基数需要进一步统筹规划。住房公积金一般以职工个人工资为基数按照一定比例缴存，相对比较固定的缴存模式不能反映实际不断变动的房价，难以保障职工住房条件的改善。我国各地区居民收入不平衡，不同地区房地产市场价格差异明显，需要统筹规划公积金缴存比例与基数，增强公积金的保障效果。最后，住房公积金的使用途径需要进一步拓宽。同发达国家相比，我国公积金的使用途径相对比较单一，仅限于购买、建造、大翻建、大修自住住房、偿还贷款本息、租房、退休后提现等，即使使用公积金进行房屋贷款，同样存在一些限制条件，制约了公积金作用的充分发挥。以国外发达国家新加坡为例，公积金除了用于住房消费，还可用于医疗、失业保障等领域。比较而言，我国公积金使用途径还需进一步拓宽。

第三，优化住房租赁政策。“十四五”规划明确提出，加快培育和发展住房租赁市场，有效盘活存量住房资源，有力有序扩大城市租赁住房供给，完善长租房政策，逐步使租购住房在享受公共服务上具有同等权利。现阶段我国住房租赁市场还需进一步发展，存在供给端和需求端的契合度有待加强、土地合规和金融税收支持政策有待完善等问题。同时，政府对发展住房租赁市场还需做好充分的理论准备，保障承租人权益的政策支持需要进一步落实到位。目前，存在由于机构化比重低，租赁住房品质、稳定性不高，租购未同权，承租人的权益得不到充分保障等问题。需要进一步完善住房租赁政策，规范住房租赁市场行为，充分保障承租人权益。

党的二十大报告指出：“坚持房子是用来住的、不是用来炒的定位，加快建立多主体供给、多渠道保障、租购并举的住房制度。”[①]要保障城市居住空间正义的实现，当前我国住房保障制度应从以下方面完善：

第一，建立健全住房保障法律体系。要从根本上改变我国住房保障制度的现状，有必要制定出统一的住房保障法规，且各地方应当结合本地经济发展的实际，制定出地方性的住房保障法规。通过法律的形式，从立法上规定城镇基本住房保障的对象、保障标准、保障水平、保障资金的来源、专门管理机构的建立，以及对那些骗取保障优惠的行为予以严惩等，确定政府在住房市场的责任和义务，明确各级政府在住房保障问题上的职责，保证具体操作中的公开和公平，严格制定住房保障对象的进入、退出管理办法。同时，还要根据不同时期住房保障的不同要求，有针对性地对原有法律条文进行修订或推出新的相关法律，实现相关法律法规建设的动态调整机制，使住房保障制度有法可依。

第二，改革住房公积金制度。首先，扩大公积金覆盖范围，将中低收入

① 习近平：《高举中国特色社会主义伟大旗帜为全面建设社会主义现代化国家而团结奋斗——在中国共产党第二十次全国代表大会上的报告》，人民出版社 2022 年版，第 48 页。

群体纳入公积金保障范围内。针对中低收入群体制定公积金贷款优惠政策，比如降低缴存职工提取使用公积金的门槛，对高收入群体则应当减少甚至免除优惠，强化公平性。加强公积金监督管理，对未缴纳公积金的企业单位实施依法管理。其次，统筹规划公积金缴存比例与基数。以增强住房公积金制度的公平公正性为原则，改变各地区相对比较固定的缴存模式不能反映实际不断变动的房价，难以保障职工住房条件的改善的现状，各地政府按照当地房价、平均工资等要素建立公积金缴存动态联动机制，实现公积金缴存具体到人，增强公积金的保障效果。① 最后，拓宽公积金使用途径。公积金的使用以提高和改善人民生活为原则，使用途径不限与住房有关，一切关系到人民生活质量和水平的方面都可以使用，比如医疗、保险、教育等方面。另外，加强相关部门之间的协调配合，简化公积金办理手续，推进住房公积金制度的公平公正性。

第三，完善住房租赁政策。我国住房租赁政策的完善需要以习近平新时代中国特色社会主义思想为指导，立足新发展阶段、贯彻新发展理念、构建新发展格局，坚持以人民为中心，坚持房子是用来住的、不是用来炒的定位，突出住房的民生属性，扩大保障性租赁住房供给，缓解住房租赁市场结构性供给不足，推动建立多主体供给、多渠道保障、租购并举的住房制度，促进实现全体人民住有所居。在上述指导思想的指引下，我国的住房租赁市场发展模式应确立以下原则：一是强调住房租赁市场的本质是保证中低收入者的基本居住条件，实现社会的居住正义；二是强调政府必须有大量的财政投入，制定相应的法律法规及政策保证财政投入的有效性、租赁性住房分配的公正性及租赁住房市场运作的市场化；三是制定一套全方位保护住房租赁者的利益不受侵害的法律及政策。② 2021 年国务院办公厅下发的《关于加快发展保障性租赁住房的意见》是完善住房租赁政策的有力措施。《意见》明确了保障性租赁住房基础制度和支持政策，提出了明确对象标准、引导多方参与、坚持供需匹配、严格监督管理、落实地方责任五项基础制度，解

---

① 王俊兰：《基于公平公正的住房公积金制度改革探索——评〈建立公开规范的住房公积金制度研究〉》，《科技管理研究》2022 年第 16 期。

② 易宪容、郑丽雅：《中国居住正义的理论研究》，中国社会科学出版社 2020 年版，第 113—114 页。

决了发展保障性租赁住房过程中所面临的土地、审批、财税、金融等政策瓶颈问题，将调动各方积极性解决符合条件的新市民、青年人等群体的住房困难问题，促进实现全体人民住有所居。

二、法律保障

住房问题不仅关涉社会成员的安居乐业，更关系社会稳定与进步。现实社会中存在低收入家庭无法解决住房问题，世界各国政府无一例外都具有解决住房问题的义务，把人人享有住房作为一种全民性的社会权利。因而，住房具有社会保障属性。政府提供住房保障是绝大多数国家在经济发展和城市化进程中不可回避的现实问题，而各级政府组织行为的义务履行，必须要通过相应的法律制度予以体现。

1996 年 6 月在土耳其伊斯坦布尔召开的第二届人类居住大会将“人人享有适当的住房”作为会议主题，并在与会各国发表的《伊斯坦布尔人居宣言》第 8 条，明确指出“我们重申我们的承诺，要全面逐步实现国际法律文件提出的人人享有适当住房的权利。为此，我们将寻求各级公共、私营和非政府伙伴间的积极参与，以保证所有人及其家庭能获得土地使用权的法律保障，能免受歧视并能平等地得到经济上可承受的适当住房”。此后，2000 年 10 月由联合国人居中心和我国建设部主办的 21 世纪城市建设和环境国际会议，与会的 23 个国家发布了《成都宣言》，承诺要“消除行政的、法律的和程序上的障碍和作法为城市贫困居民提供经济上可承受的适当的住房条件”。

西方国家在住房保障方面的法律体系相对比较完善，既包括宪法、民法等一般性综合性法律中的诸多有关住房保障的法律条文，也包括综合性的住房保障法律中的诸多有关住房保障的法律条文。同时，几乎所有国家都颁布了有关住房保障的专门性法律。如美国在 1930 年代，为了解决住房问题，颁布实施了《住房法》，主要解决中低收入家庭的住房问题，1965 年和 1968 年两次修改补充《住房法》。同时，又颁布实施了《住房贷款法》《住房再贷款法》等法规，从而逐步完善了住房法律体系。日本在 20 世纪 50 和 60 年代先后制定实施了《住宅金融公库法》(1950)、《公营住宅法》(1951)、《日本住宅公团法》(1955)、《城市住房计划法》(1966)等等，此后又陆续制定了一系列相关法规，逐步建立健全住房保障的法律体系，这类法律共颁布 40 多部。新加坡在 1960 年代公布并实施了《新加坡建屋与发展法令》，明确了政府发展住房的目标、方针、政策，确立了专门法定机构行使政府组屋建设、分配和管理的职能，同时政府还颁布了许多相关的条例，如《建屋局法》《特别物产法》等，通过立法确定了解决住房问题的大政方针，为“居者有其屋”的目标的实现提供了法律基石。①

我国住房保障立法的探索可以追溯到 2007 年底，住房城乡建设部拟起草并颁发《城镇住房保障条例》，该《条例》的颁布施行将使政府对于低收入群体的住房保障责任履行实现制度化、立法化，2014 年 3 月国务院发布《城镇住房保障条例（征求意见稿）》，2019 年 5 月国务院办公厅发布的 2019 年立法工作计划中，继续提及对城镇住房保障条例的立法计划，但迄今尚未出台，也就是说我国目前还没有一部有关住房保障的专门法律。从我国与住房相关的法律建设来看，在国家法律方面，宪法是人权的保障书，人权的实现和保障离不开宪法和宪法制度。我国《宪法》第三十三条规定：“国家尊重和保护人权”。第三十九条规定：“中华人民共和国的住宅不受侵犯”，《中华人民共和国民法通则》《中华人民共和国物权法》等保障市民的人身权利和财产权利，规定了所需承担的民事义务。但是，对作为基本人权的住房权却没有在宪法中予以明确。1994 年，我国颁布了《中华人民共和国城市房地产管理法》（历经 2007 年、2009 年和 2019 年三次修正），主要目的是加强对城市房地产的管理，维护房地产市场秩序，保障房地产权利人的合法权益，促进房地产业的健康发展，而并没有涉及住房保障的相关内容。1994 年以来，我国先后出台了《城镇经济适用住房建设管理办法》（1994）、《城镇廉租住房管理办法》（1999）、《住房公积金管理条例》（2002）、《廉租住房保障办法》（2007）、《经济适用住房管理办法》（2007）等规章。总体上，我国住房保障相关立法有待进一步健全，亟需建立统一的、适用范围大的法律制度体系保障法规，提高立法层次，使其具备较高的法律效力和必要的法律责任制度，亟待制定和颁布专门调整住房保障关系的基本法律。目前，有关住房保

① 焦怡雪：《城市居住弱势群体住房保障的规划问题研究》，中国城市规划设计研究院 2007 年博士后出站报告。

障的制度被分散规定在不同的法律规范文件中，住房保障的法规实施机制相对薄弱、监督机制有待完善。

由于缺少明确的高位阶的法律依据，不同政府部门以及一些地方政府对国家的住房保障政策执行不力。《宪法》第14条规定："国家建立健全与经济水平相适应的社会保障制度"，使得制定《住房保障法》具备客观现实性和宪法依据，国家也已经具备了履行住房权保障义务的资源条件。因此，需要尽快出台《住房保障法》，通过立法明确住房保障的范围、对象和标准，填补我国住房保障的法律空白。需要尽快制定《住宅法》，坚持以人为本的法治理念，通过《住宅法》进一步明确"人人享有适当的住宅"的核心目标，强化对"居住权"的法律保护，确保居民基本住房权利。强化住房法律监督和执行机制，进一步明确住房开发、交易、中介服务、物业管理等环节的法律监督机制，依法建立专业的住房执法机构，并赋予相应的权力和职责，切实维护住房法律的权威性。①

第三节　中国特色社会主义城市居住空间正义的政府职能转变

在当代居住实践中，政府角色不容忽视，它是资本主导逻辑之外的"他者"，政府的角色作用在于推进居住空间正义，保障公民特别是弱势群体居住权利的实现。为了实现这一目标，政府在激发资本活力的同时，要警惕资本之"恶"，不仅要抑制资本的过热，通过政策调控使资本有序地进入房地产市场，抑制房产泡沫，更要大力推进保障性住房的供给。以"居住空间正义"为价值导向进行城市开发，兼顾城市不同主体的利益诉求，讲究科学性，注重生态性，体现公平性。

一、管控资本居住空间生产的增值逻辑

2021年中央经济工作会议指出，要正确认识和把握资本的特性和行为

① 穆子俐：《上海住房保障法制建设的基本要求》，《上海房产》2015年第8期。

规律。社会主义市场经济是一个伟大创造，社会主义市场经济中必然会有各种形态的资本，要发挥资本作为生产要素的积极作用，同时有效控制其消极作用。要为资本设置“红绿灯”，依法加强对资本的有效监管，防止资本野蛮生长。政府对资本空间增值的约束、制约和监控有助于维护初级空间产品的平等和在空间资本化的初始阶段实现社会分配，消解城市空间生产资本逻辑的负面效应。[①] 政府如何管控资本居住空间生产的增值逻辑呢？

第一，解构政府与资本的居住空间获利机制，走以人民为中心的城市居住空间生产之路。罗根指出，中国市场化改革使权力与资本结合追求利润的空间增大，因此，在城市居住空间正义的构建过程中，政府必须“有所为”“有所不为”。一方面，城市政府需要明确与市场的界限，政府官员需要廉洁自律，构建新时代的政商关系，防止政府权力被资本逻辑左右，也要避免政府对市场行为的过度干涉、过度管制。转变经营城市理念。[②]。另一方面，树立“人民城市人民建、人民城市为人民”[③]的居住空间发展理念。制定公平公正的居住空间政策，满足市民对居住空间的需求，实现政府职能公共性的回归。

第二，节制资本在城市居住空间生产中的无序逐利性，抑制资本对城市居住空间的过度生产和片面开发。改造资本市场，引导资本分流投资。把握好公有资本和私人资本介入城市居住空间生产的参与比例问题，牢牢掌控对国有资本的控制权，保证公有制的主体地位，扩大公有资本在居住空间生产中的支配范围，发挥公有资本在城市居住空间生产中的服务与公益性职能[④]。

二、履行供给居住空间的公共职能

“当前中国城市空间不正义的一个重要原因，就是政府对经济利益的过度追求而导致自身公共性的弱化。本应由政府提供的公平合理的社会秩

① John Rawls, *Justice as Fairness: A Restatement*, Cambridge, Massachusetts and London, England: Harvard University Press, 2001.

② 吴晓林、侯雨佳：《新自由主义城市治理理论的批判性反思》，《中国行政管理》2017 年第 9 期。

③ 习近平：《高举中国特色社会主义伟大旗帜为全面建设社会主义现代化国家而团结奋斗——在中国共产党第二十次全国代表大会上的报告》，人民出版社 2022 年版，第 32 页。

④ 尹才祥：《空间治理：城市治理的新视角》，《群众》2016 年第 10 期。

序、民主和谐的生活条件以及各种社会福利和设施等公共物品，某些时候却成为了政府获取自身利益的筹码，为此甚至不惜利用垄断权力参与市场竞争。”①政府是为城市居民提供空间公共物品和服务的必要组织，针对空间资源配置的非均等化，政府必须建构强大的再分配能力。大规模的集体消费品供应，在一定程度上满足了城市居民基本的生存、生活和生产需要，保障他们在日常生活领域的基本权利。②

第一，明确政府在保障市民住房权利方面的责任。由于我国还未出台《住房保障法》，没有从法律上明确规定、调整和保障公民的住房权利与利益，政府和社会对住房权利的内涵理解不同，没有形成共识，政府对保障公民住房权利的责任和职能不够清晰，导致相关政策的实施不够得力和有效，漠视甚至践踏公民住房权利的现象仍然较为普遍。在住房领域政府应该更多地扮演维持市场基本秩序以及为被排斥在市场之外的中低收入家庭提供住房权保障的角色。③ 一方面通过必要的政策手段维持稳定的市场秩序，抑制住房投资过热和地产泡沫的产生，保证大部分居民能够通过市场购房、租房以实现住房权利；另一方面，为了保障中低收入家庭的住房需求，政府还需要建立较为完善的保障性住房体系，切实做到“住有所居”。

第二，建立以公平为基准的住房保障政策体系。首先，政府应该允许并鼓励居住空间生产主体的多元化。政府要放宽居住空间开发的限制，允许合作建房、社会力量建房打破一元化的住房供给体制，同时加强对开发商囤地、操纵房价等违法行为的监管。多方施策减轻居民住房消费的负担。比如：进一步完善住房公积金制度；采用更为合理的住房补贴标准，提高住房补贴的额度；大力发展住房租赁市场，坚持购房、租赁“双轮”驱动的市场模式，为中低收入家庭的住房权利提供有效的制度保障。④其次，协调处理市场与保障的关系。住房市场与住房福利都是有效的住房供应方式，从理论与实践来看，二者不能相互替代。利用住房市场，可以有效率地配置住房资

① 庄立峰、江德兴：《城市治理的空间正义维度探究》，《东南大学学报》2015 年第 4 期。

② 王志刚：《曼纽尔·卡斯特的结构主义马克思主义城市理论》，《马克思主义与现实》2014 年第 6 期。

③ 朱亚鹏：《实现住房权利：中国的实践与挑战》，《公共行政评论》2010 年第 3 期。

④ 朱亚鹏：《实现住房权利：中国的实践与挑战》，《公共行政评论》2010 年第 3 期。

源，解决部分中高收入阶层居民的住房问题，同时政府应承担起保障性住房的供应责任，重点解决中低收入阶层等社会弱势群体的住房困难与住房问题，保障每个公民都享有住房权利。最后，从整体上完善住房保障政策体系。我国政府应在确立适度住房的保障水平后，建立起层次化、结构化的住房保障制度，建立起完善的住房保障政策体系。

三、推动城市居住空间决策民主化科学化

第一，采用协商民主决策机制，推动城市居住空间决策民主化、科学化。“平衡与协调城市集聚性和分化性的城市治理或城市政治，必须对社会的自治和自主空间充分尊重，从而形成政府与社会多元力量的共治与合作，形成一种协作治理的结构。”①首先，尊重专家和决策机构的专业意见，提升城市居住空间决策的科学性。涉及技术性、专业性的居住空间规划项目和领域，需要组织专家进行必要性和可行性论证，制定重大的居住空间决策前向有关咨询机构和专家咨询，对决策方案进行分析评估。充分尊重专家和决策机构的专业意见，有效规避居住空间公共决策风险。其次，进一步扩大市民参与。“公众参与是影响政治发展的重要变量，公众参与的程度和规模是衡量一个社会政治现代化的一个重要尺度。”②树立党和政府主导下多元主体参与的协同决策理念，将以广大普通城市居民为主体的社会力量纳入城市居住空间决策中。在居住空间决策制定过程中，秉持开放性和包容性原则扩大市民参与，建立自下而上的参与机制，拓展和畅通市民居住空间利益表达渠道，通过听证会、恳谈会以及网络意见征集等形式和途径征求、听取不同群体的居住空间利益诉求，并将之体现在居住空间公共政策议程之中。特别关注弱势群体和贫困阶层的居住空间利益，避免弱势群体因居住空间利益表达能力和政治参与能力的缺失而被边缘化的风险。

第二，不断提高政府回应力。城市居住空间决策的“回应性”旨在增进政府对市民居住空间利益诉求响应责任以及满足集体消费品的绩效，是一

① 林尚立：《重构中国城市治理体系：现代城市发展与城市治理的对话》，《南京社会科学》2013年第6期。

② ［美］塞缪尔·亨廷顿：《变化社会中的政治秩序》，华夏出版社1988年版，第56页。

种政府公正、高效地实现公众利益的能力。①。不断提高政府回应力是指不断提高政府能够在较短的时间内制定出能反映公众需求的政策，以较低的成本满足公众需求的能力。提高政府回应能力，可以有效解决和平衡社会各利益主体、尤其是弱势群体的诉求，化解当前经济社会发展过程中出现的矛盾和问题。政府回应力的优劣很大程度上取决于政府是否具有为公众服务的责任心、积极性和主动性。因此，政府积极地对社会民众的需求作出回应并采取积极的措施公正、有效率地实现公众的需求和利益是重要前提。面对多元主体的居住空间利益诉求，建立常态化的政府回应机制和政府公务人员的管理机制，引入市民居住空间需求的导向机制和提案机制，建设有效的利益调节机制。通过提高责任意识和建立归责机制来维护市民的居住空间权利。②

第四节　中国特色社会主义城市居住空间正义的城市权利保障

人是一种权利的存在，享有权利是一个人拥有社会身份、成为社会成员的必要条件，重视城市权利符合逻辑与历史的必然性。城市权利有广义与狭义之别。在广义上，城市权利泛指一切与城市和城市发展有关的权利，比如土地权、居住权、道路权、生活权、发展权、参与权、管理权、获取社会保障的权利、主体资格等等。在狭义上，城市权利特指由于城市发展所产生或带有鲜明城市性的权利，比如获得城市空间、参与城市管理、拥有城市生活的权利。城市权利是人与城市关系中的主体资格、主体素质与主体能力。③坚持科学民主决策，依法保障市民的居住权、参与权、表达权，是实现好、维

① Andrew Roberts, and Byung-Yeon Kim, Policy Responsiveness in Post-Communist Europe: Public Preference and Economic Reforms, *British Journal of Political Science*, 2011, Vol.4, No.4, pp.819 - 839.

② 李利文：《中国城市空间的治理逻辑——基于权力结构碎片化的理论视角》，《华中科技大学学报》2016 年第 3 期。

③ 陈忠：《城市权利：全球视野与中国问题》，《中国社会科学》2014 年第 1 期。

护好、发展好人民群众居住空间权益的重要措施，也是实现中国特色社会主义城市居住空间正义的重要举措。

一、保障市民居住权

在各种空间权利中，人的居住权利占据首要的地位，以居住空间的形式实现的权利具有更多的真实性，只有确认城市权利的空间内容，才能为争取其他权利奠定基础。① 从空间本体论意义上看，住房之于人的生存状态至关重要。作为一种空间生产活动，建房筑屋不仅为满足遮蔽之需要，而且也是为满足人的心理之需。我国《宪法》第三十九条规定了公民住宅不受侵犯的基本权利，用以保障公民居住的安全与安宁。因此，获得适当住房的权利是人权的基本构成部分，也是现代国家公民的一项基本社会权利。居住空间正义至少内蕴着"居者有其屋"和"相对人道"的居住环境，也就是说，居住空间正义要求不同群体之间享有平等的居住权利，并相对自由而理想地进行居住空间生产和消费。②

如何保障市民居住权？为顺应保护居住基本人权的需要，我国未来修订《宪法》时应当明确规定公民的居住权利，并为司法意义的居住权提供前提与基础。在《宪法》不能频繁修正时，应由立法机关对《宪法》中"人权""社会保障制度"等相关条文作出解释，通过《宪法》解释引申出居住权这一基本权利。当前我国法律环境中还存在着与居住权相背离的法律规范，对诸如此类的法律规范应进行清理，以使之与居住权的立法相适应。③ 同时，加大普法教育和普法宣传的力度，注重法律观念的培养和权利意识的养成，使民众，包括法官等司法人员的法律意识和法学素养得以提升，为居住权的实施提供一个适宜而公正的社会环境。实现每个人的居住权是实现居住空间正义的关键。在社会主义制度下，权利应是具体的而不是抽象的，每个人居住权的实现是实现人权的重要内容，这是居住空间正义的主体性要求。这就

① ［美］爱德华·苏贾：《寻求空间正义》，高春花、强乃社等译，社会科学文献出版社 2016 年版，第 4 页。

② ［美］爱德华·苏贾：《寻求空间正义》，高春花、强乃社等译，社会科学文献出版社 2016 年版，第 5 页。

③ 王富博：《居住权研究》，中国政法大学博士学位论文 2006 年。

要求每个人都有适当的住房，而不是仅仅让有产者、高收入阶层有房住，更为重要的是要使城市中的低收入者、工人、新移民、农民工也有房住，实现每个人的居住权最为重要的是要解决弱势群体的居住问题。尽管在所有权上做不到“人人有其屋”，但最起码要做到“人人有房住”。人人有房住，这是居住空间正义的底线公平。

二、保障市民参与权

沃尔德伦认为，权利对于社会管理具有重要意义。每个个体有权享有平等的社会管理权利，在意见采纳、公共决策等方面，他们有权参与其中。① 个体有权利表达自己的意见、实现自己的利益，有权利实施有效监督。同时，“参与权”是有效解决分歧的重要权利，“当理性的权利持有者对他们拥有什么权利存在分歧时，似乎参与是一项特别适宜在此种情况下运作的权利”②。并且，“参与权”具有集体性特征，是群众集体参与权力分享的过程，“理解公民权利的方式中存在一种集体元素，通过用来描绘它们的术语表现很明显：参与权”③。征地、拆迁等居住空间实践铸造的是一种新的利益分配格局，除了需要依法进行外，还要有公众参与。换言之，确保居住空间正义的管理机制必须是社会力量介入的参与式管理。市民公平地参与城市化政策的制定和城市发展的居住空间生产过程，是实现城市化符合正义原则的关键机制。市民是否分享城市居住空间管理权力，会极大地影响到能否公平地分配和使用居住空间资源。因此，居住空间正义实现的关键还是看民众自身的力量发挥得如何，强大的民众力量可以迫使政府更好地为所有人的利益服务，而所有人平等地参与到城市化及其城市居住空间的生产过程，每一个人都拥有必要的对自身生活的影响力，是城市化增益能惠及所有人的基础。④

如何保障市民参与权？逐步扩大市民参与政府居住空间管理的范围和关键领域，切实让市民实际参与政府居住空间决策关键环节。政府关于居

① ［新西兰］杰里米·沃尔德伦：《法律与分歧》，王柱国译，法律出版社2009年版，第308页。
② ［新西兰］杰里米·沃尔德伦：《法律与分歧》，王柱国译，法律出版社2009年版，第305页。
③ ［新西兰］杰里米·沃尔德伦：《法律与分歧》，王柱国译，法律出版社2009年版，第308页。
④ 钱振明：《走向空间正义：让城市化的增益惠及所有人》，《江海学刊》2007年第2期。

住空间财务行政中应该有普通市民参与，应该让市民参与政府预算制定，真正对政府行为给予监督，防止重大损失和腐败现象；改善和推进市民参与政府行政立法，保障市民对政府的行政立法与决策的事实进行评估的权利。扩展市民参与政府居住空间管理的环节与过程，不应仅停留在政策议程或政策问题确定阶段参与，应参与整个管理的过程，尤其加强监督与评估环节的参与；市民参与法律与制度健全并有效执行，有些法律条款对市民参与的规定不够细化，在是否接受市民参与、采取什么方式吸纳市民参与方面给政府机关很大的自由裁量权，必须通过具体法律法规明确规定市民参与政府管理事务的范围、参与途径、方式和程序等内容，保障市民参与的有效性与公正性。加快市民参与的实体法和程序法的立法进程，全面保障市民参与权的实现。①

三、保障市民表达权

社会公众是否关注公共事务，是否真正具有对社会事务的表达权，是一个社会文明程度的标志。居住空间正义应该是在政府、市场和社会三者相互制约的综合作用下形成的，从这一意义上讲，居住空间正义应该是不同利益主体之间博弈的平衡和不同价值取向间选择的平衡。但是，由于中国居住空间生产更多是在权力和资本主导下进行的，市民（居住者）社会力量较弱，难以对权力和资本形成有效制约，因此，平衡市民、政府、市场的博弈关系，实现三者的话语权对等成为关键。因此，当务之急首要任务是维护市民表达自由与权利。

如何保障市民表达权？实现市民权利表达机制以及反馈的社会化和制度化。政府应本着“为民服务”的执政理念，利用公权力为公民实现表达权提供政治、法律、经济等一切保障，公民依法实现表达权的活动，政府均无权加以限制和干涉；建立涵盖立法、行政、司法领域的具有中国特色的公民表达权的制度体系，落实行政救济制度和司法救济制度等；不断创新和拓宽新的利益表达渠道和平台，为公民表达权的实现创造良好的环境和氛围。②

① 孙彩红：《公民参与城市政府治理研究》，社会科学文献出版社2016年版，第275—276页。

② 虞崇胜、李海新：《公民表达权研究述评》，《云南行政学院学报》2010年第5期。

结　语

美好生活本质上始于并内含着居住空间的美好。居住空间的美好不仅在于它构成生活的始基与本源，同时在于它以空间特有的方式，塑造着人类对家、家园乃至国家的认同感、归属感。福柯曾断言，我们时代的焦虑与空间有着根本关系。我们的日常生活与日常生活空间都面临多重伦理矛盾的挤压和控制，由此带来的陌生、焦虑和无意义感正消解以往我们确定无疑的对生命价值、人生意义等问题的理解。只有拥有稳定的居住空间，居民才能“安其居而乐其业”，只有拥有稳定的房产，居民才能“有恒产者有恒心”。亚当·斯密在《道德情操论》中说过：“如果一个社会的发展成果不能充分流到大众手中，那么它在道义上将是不得人心的，而且是风险的，因为它注定要威胁到社会的稳定。”创造当代中国“居住空间生产力”的主体力量是最广大的普通民众，他们应当从居住空间发展中获得实惠，对于当前和未来的中国居住空间建设而言，如何既保持居住空间生产的高效率，又使民众能够从居住空间发展中获益将成为最大课题，而“居住空间正义”的提出正是源于对当代中国居住空间发展诸多矛盾和问题的深刻反思，满足中国特色社会主义发展的实践之需。

正如美国普渡大学教授洪朝辉在《中国特殊论：中国发展的困惑和路径》一书中所指出：“中国开创的这条道路是建立在特殊的中国体制与文化之上的，它不以现有的经典理论为指标，不以各国的历史与现状为参照，完全是依据中国近 30 年的各种发展现实为实证分析的积淀，价值中立地分析中国的客观现实对世界常识的挑战和对经典理论的证伪。”当前中国居住空间生产结果应该由更多人来共享。即使无法保证每个人都受益，也应该更多考虑弱势群体的利益以及他们的居住空间需求，这是中国特色居住空间正义发展的方向。因此，居住空间生产应该在政府、市场和社会三者相互制约的综合作用下形成的，居住空间正义应该是寻求不同利益主体之间博弈的平衡和不同价值取向之间选择的平衡。基于当代中国居住空间发展的特定阶段，居住空间正义的建构方案是通过变革管理制度，使政府成为契约与社会公平的维护者而不是社会利益的争夺者，打破对居住空间生产权的垄断；谨慎对待资本逻辑，为居住空间生产资本设置“红绿灯”，加强对资本的有效监管；发展各类民间组织、社会组织，使松散的居住空间消费者组织为相对紧密的居住空间权利组织。将社区、基层党组织等基层社会空间组织的建设纳入居住空间正义的整体视域，将其作为日常居住空间正义建构的重要载体和能动的社会建构的基础性力量。

建构中国本土城市居住空间正义理论体系离不开对马克思主义空间正义理论的梳理与挖掘，离不开哲学与经济学、社会学、政治学等的问题式对话，也离不开对西方空间正义理论的批判式借鉴。本文注重系统梳理马克思主义的居住空间正义思想以及新马克思主义空间学派主要代表人物的居住空间正义思想及其核心观点、基本立场，使本文的城市居住空间正义理论得以建立在坚实的思想土壤之上。本书努力做到以下几点：一是从国情出发，从中国实践中来、到中国实践中去，把研究写在祖国大地上，使城市居住空间正义理论和政策创新符合中国实际、具有中国特色，不断发展中国特色社会主义理论、城市哲学理论；二是深入调研，察实情、出实招，充分反映实际情况，使城市居住空间正义理论和政策创新有根有据、合情合理；三是把握规律，坚持马克思主义立场、观点、方法，透过现象看本质，从短期波动中探究长期趋势，使城市居住空间正义理论和政策创新充分体现先进性和科学性。四是树立国际视野，从中国和世界的联系互动中探讨人类面临的共同课题——居住正义问题，为构建人类命运共同体贡献中国智慧、中国方案。

“以人民为中心”是新时代中国特色社会主义发展的价值目标。关注人的发展，满足普通民众的居住需求，保障广大人民的根本利益是“以人民为中心”发展目标的题中之意，这就要求居住空间生产、消费和分配在价值取向上体现“人民性”。因此，推进居住空间正义、促进居住空间和谐是新时代居住空间实践的基本原则，建立居住空间正义将是居住空间发展永恒的主题。诚然，绝对的、完全的正义是不存在的，居住空间正义本身就是一个对居住空间不正义的不断修正过程，它具有历史、时间、地理等多项维度，它不是一个居住空间的终结状态，而是一个不断修正的、正义的居住空间发展实施方式，这个方式是通过各类居住空间政策和居住空间方案持续作用实现的。通过城市居住空间生产满足人们对于美好生活的居住空间需要，促进人的全面发展，不断提高人民群众的居住空间幸福感、获得感及安全感，使居住空间成为人们“诗意的栖居地”是中国特色社会主义城市居住空间正义的价值目标与实践归旨。

参考文献

《马克思恩格斯全集》(第 1 卷),人民出版社 1995 年版。

《马克思恩格斯全集》(第 2 卷),人民出版社 2005 年版。

《马克思恩格斯全集》(第 13 卷),人民出版社 2002 年版。

《马克思恩格斯全集》(第 21 卷),人民出版社 2003 年版。

《马克思恩格斯全集》(第 23 卷),人民出版社 1972 年版。

《马克思恩格斯全集》(第 27 卷)下,人民出版社 1972 年版。

《马克思恩格斯全集》(第 46 卷)下,人民出版社 2003 年版。

《马克思恩格斯文集》(第 1 卷),人民出版社 2009 年版。

《马克思恩格斯文集》(第 5 卷),人民出版社 2009 年版。

《马克思恩格斯文集》(第 7 卷),人民出版社 2009 年版。

《马克思恩格斯选集》(第 2 卷),人民出版社 1995 年版。

《马克思恩格斯选集》(第 3 卷),人民出版社 1995 年版。

《马克思恩格斯选集》(第 4 卷),人民出版社 1995 年版。

毛泽东:《毛泽东选集》(第一卷),人民出版社 1991 年版。

毛泽东:《毛泽东文集》(第七卷),人民出版社 1999 年版。

《建国以来毛泽东文稿》(第八册),中央文献出版社 1994 年版。

邓小平:《邓小平文选》(第二卷),人民出版社 1994 年版。

邓小平:《邓小平文选》(第三卷),人民出版社 1993 年版。

江泽民:《江泽民文选》(第三卷),人民出版社 2006 年版。

习近平:《习近平谈治国理政》,外文出版社 2014 年版。

习近平:《习近平谈治国理政》(第二卷),外文出版社 2017 年版。

习近平:《习近平谈治国理政》(第三卷),外文出版社 2019 年版。

习近平:《习近平谈治国理政》(第四卷),外文出版社 2022 年版。

中共中央宣传部:《习近平总书记系列重要讲话读本》,学习出版社 2016 年版。

胡锦涛:《高举中国特色社会主义伟大旗帜 为夺取全面建设小康社会新胜利而奋斗》,人民出版社 2007 年版。

习近平:《决胜全面建成小康社会夺取新时代中国特色社会主义伟大胜利——在中国共产党第十九次全国代表大会上的报告》,人民出版社 2017 年版。

习近平:《2018 年 12 月 18 日在庆祝改革开放 40 周年大会上的讲话》,人民出版社 2018 年版。

习近平:《高举中国特色社会主义伟大旗帜为全面建设社会主义现代化国家而团结奋斗——在中国共产党第二十次全国代表大会上的报告》,人民出版社 2022 年版。

《中共中央关于党的百年奋斗重大成就和历史经验的决议》,人民出版社 2021 年版。

包亚明:《现代性与空间的生产》,上海教育出版社 2003 年版。

杨龙:《西方新政治经济学的政治观》,天津人民出版社 2004 年版。

沈原:《市场、阶级与社会: 转型社会学的关键议题》,社会科学文献出版社 2007 年版。

胡毅、张京祥:《中国城市住区更新的解读与重构——走向空间正义的空间生产》,中国建筑工业出版社 2015 年版。

张鸿雁、顾华明:《马克思主义与城市》,江苏教育出版社 2013 年版。

陈忠:《空间与城市哲学研究》,上海社会科学院出版社 2017 年版。

杨帆:《城市规划政治学》,东南大学出版社 2008 年版。

蔡禾:《城市社会学: 理论与视野》,中山大学出版社 2003 年版。

吴启焰:《城市居住空间分异研究的理论与实践》,科学出版社 2001 年版。

李春敏:《马克思的社会空间理论研究》,上海人民出版社 2012 年版。

景跃进:《当代中国政府与政治》,中国人民大学出版社 2016 年版。

易宪容、郑丽雅:《中国居住正义的理论研究》,中国社会科学出版社 2020 年版。

张文忠:《和谐宜居城市建设的理论与实践》,科学出版社 2016 年版。

何传启:《分配革命》,经济管理出版社 2001 年版。

毕宝德:《中国房地产市场研究》,中国人民大学出版社 1994 年版。

胡毅、张京祥:《中国城市住区更新的解读与重构——走向空间正义的空间生产》,中国建筑工业出版社 2015 年版。

汪民安等:《城市文化读本》,北京大学出版社 2008 年版。

任平:《冲突与时尚——城市文化结构与功能新论》,东南大学出版社 2000 年版。

陈映芳:《城市中国的逻辑》,生活·读书·新知三联书店 2012 年版。

秦红岭:《城市规划——一种伦理学批判》,中国建筑工业出版社 2010 年版。

谢岳:《社会抗争与民主转型: 20 世纪 70 年代以来的威权主义政治》,上海人民出版社 2008 年版。

沈原:《市场、阶级与社会: 转型社会学的关键议题》,社会科学文献出版社 2007 年版。

卢卫：《居住城市化：人居科学的视角》，高等教育出版社 2005 年版。

迪尔：《后现代都市状况》，上海教育出版社 2004 年版。

海德格尔：《存在与时间》，三联书店 2006 年版。

伊利尔·沙里宁：《城市它的发展、衰败与未来》，顾启源译，中国建筑工业出版社 1986 年版。

亚里士多德：《政治学》，吴寿彭译，北京商务印书馆 1965 年版。

刘易斯·芒福德：《城市发展史——起源、演变和前景》，宋俊岭、倪文彦译，中国建筑工业出版社 2005 年版。

曼瑟尔·奥尔森：《集体行动的逻辑》，上海三联书店、上海人民出版社 1995 年版。

勒·柯布西耶：《走向新建筑》，陈志华译，陕西师范大学出版社 2004 年版。

彼得·马库赛：《寻找正义之城》，贾荣香译，社会科学文献出版社 2016 年版。

爱德华·苏贾：《后大都市：城市和区域的批判性研究》，李钧等译，上海教育出版社 2006 年版。

爱德华·苏贾：《寻求空间正义》，高春花、强乃社等译，社会科学文献出版社 2016 年版。

凯文·林奇：《城市形态》，林庆怡等译，华夏出版社 2001 年版。

戴维·哈维：《后现代的状况——对文化变迁之缘起的探究》，阎嘉译，商务印书馆 2003 年版。

安东尼·M·奥罗姆、陈向明：《城市的世界——对地点的比较分析和历史分析》，曾茂娟、任远译，上海人民出版社 2005 年版。

约翰·罗尔斯：《正义论》，何怀宏、何包钢、廖申白译，中国社会科学出版社 1988 年版。

罗纳德·德沃金：《至上的美德：平等的理论与实践》，冯克利译，江苏人民出版社 2003 年版。

苏珊·S·费恩斯坦：《正义城市》，武烜译，社会科学文献出版社 2016 年版。

西格蒙德·弗洛伊德：《论文明》，徐洋、何桂全等译，国际文化出版社 2001 年版。

大卫·哈维：《资本之谜：人人需要知道的资本主义真相》，陈静译，电子工业出版社 2011 年版。

爱德华·苏贾：《后现代地理学——重申批判社会理论中的空间》，王文斌译，商务印书馆 2004 年版。

艾伦·B·雅各布斯：《美好城市——沉思与遐想》，高杨译，电子工业出版社 2014 年版。

简·雅各布斯：《美国大城市的死与生》，金衡山译，译林出版社 2006 年版。

曼纽尔·卡斯特：《网络社会的崛起》，夏铸九、王志弘等译，社会科学文献出版社 2003 年版。

乌尔里希·贝克:《风险社会》,何博闻译,译林出版社 2004 年版。

卡斯腾·哈里斯:《建筑的伦理功能》,申嘉、陈朝晖译,华夏出版社 2001 年版。

埃里希·弗罗姆:《占有还是生存》,关山译,生活·读书·新知三联书店 1989 年版。

戴维·哈维:《叛逆的城市》,叶齐茂、倪晓晖译,商务印书馆 2014 年版。

马丁·海德格尔:《荷尔德林诗的阐释》,孙周兴译,商务印书馆 2000 年版。

亨利·列菲伏尔:《空间与政治》,李春译,上海人民出版社 2015 年版。

大卫·哈维:《希望的空间》,胡大平译,南京大学出版社 2006 年版。

伊夫·格拉夫梅耶尔:《城市社会学》,徐伟民译,天津人民出版社 2005 年版。

凯文·林奇:《城市意象》,方益萍、何晓军译,华夏出版社 2001 年版。

卡尔·波兰尼:《大转型:我们时代的政治与经济起源》,冯钢、刘阳译,浙江人民出版社 2007 年版。

A. J. M 米尔恩:《人的权利与人的多样性——人权哲学》,夏勇等译,中国大百科全书出版社 1995 年版。

索亚:《后大都市:城市和区域的批判性研究》,李钧等译,上海教育出版社 2001 年版。

杰里米·沃尔德伦:《法律与分歧》,王柱国译,法律出版社 2009 年版。

Brain Lund, *Understanding Housing Policy*, Bristol: Policy Press, 2011.

Barney Warf, and Santa Arias, *The Spatial Turn: Interdisciplinary Perspectives*, London: Taylor & Francis, 2008.

Henri Lefebvre, *The Production of Space*, Translated by Donald Nicholson-Smith, Oxford & Cambridge: Basil Blackwell Publisher, 1991.

David Harvey, *The Urbanization of Capital*, Oxford: Basil Blackwell, 1985.

David Harvey, *Social Justice and the City*, Georgia: The University of Georgia Press, 2009.

David Harvey, *The Limits to Capital*, London & New York: Verso, 2006.

Manuel Castells, *The Urban Question: A Marxist Approach*, Translated by Alan Sheridan, London: Edward Arnold, 1977.

Henri Lefebvre, *The Survival of Capitalism*, Translated by Frank Bryant, New York: St Martin's Press, 1976.

Harold R. Kerbo, *Social Stratification and Inequality: Class Conflict in Historical, Comparative, and Global Perspective* (*fifth edition*), MacGraw Hill, 2003.

Oscar Lewis, *Five Families: Mexican Case Studies in the Culture of Poverty*, New York: Basic Books, 1959.

Robert E. Park, and Ernest W. Burgess, *The City*, Chicago & London: University of Chicago Press, 1925.

UN HABITAT, Sustainable Action Planning, *Inclusive and Sustainable Urban Planning: A Guide for Municipalities*, 2007.

John Rawls, *Justice as Fairness: A Restatement*, Cambridge, Massachusetts and London, England: Harvard University Press, 2001.

Neil Brenner, Peter Marcuse, and Margit Mayer (Eds.), *Cities for People, Not for Profit: Critical Urban Theory and the Right to the City*, Oxon and New York: Routledge, 2012.

Don Mitchell, *The Right to the City: Social Justice and the Fight for Public Space*, New York: The Guilford Press, 2003.

O'Brien Kevin J., and Lianjiang Li, *Rightful Resistance in Rural China*, Cambridge: Cambridge University Press, 2006.

图书在版编目(CIP)数据

中国特色社会主义城市居住空间正义研究 / 张华著
. —上海：学林出版社，2023

ISBN 978-7-5486-1938-3

Ⅰ. ①中… Ⅱ. ①张… Ⅲ. ①城市—居住空间—研究
—中国 Ⅳ. ①D669.3

中国国家版本馆 CIP 数据核字(2023)第 103497 号

责任编辑 王思媛 张嵩澜 吴耀根

审　　读 张利雄

封面设计 周剑峰

中国特色社会主义城市居住空间正义研究

张 华 著

出　　版 学林出版社
（201101 上海市闵行区号景路 159 弄 C 座）
发　　行 上海人民出版社发行中心
（201101 上海市闵行区号景路 159 弄 C 座）
印　　刷 上海商务联西印刷有限公司
开　　本 720×1000 1/16
印　　张 10.25
字　　数 16 万
版　　次 2023 年 6 月第 1 版
印　　次 2023 年 6 月第 1 次印刷
ISBN 978-7-5486-1938-3/D・97
定　　价 68.00 元